El manifiesto por la motivación

El manifiesto por la motivación

9 compromisos para recuperar
el control de tu vida

BRENDON BURCHARD

conecta

Título original: *The Motivation Manifesto*

Primera edición: septiembre de 2015

© 2014, Brendon Burchard
Publicado por acuerdo con Folio Literary Management, LLC e International Editors
© 2014, Nancy Januzzi, por la ilustración del autor
© 2015, de la presente edición en castellano para todo el mundo:
Penguin Random House Grupo Editorial, S. A. U.
Travessera de Gràcia, 47-49. 08021 Barcelona
© 2015, Nieves Calvino Gutiérrez, por la traducción

Printed in Spain — Impreso en España

ISBN: 978-84-16029-54-9
Depósito legal: B-15827-2015

Compuesto en M. I. maqueta, S. C. P.
Impreso en Black Print CPI Ibérica
Sant Andreu de la Barca (Barcelona)

CN29549

Penguin
Random House
Grupo Editorial

Los 9 compromisos

Índice

Todas las religiones, artes y ciencias
son ramas del mismo árbol.
Todas estas aspiraciones están dirigidas a
ennoblecer la vida del hombre, elevándola
de la esfera de la mera existencia física y
conduciendo al individuo hacia la libertad.

ALBERT EINSTEIN

La conformidad es el carcelero de la libertad
y el enemigo del crecimiento.

JOHN F. KENNEDY

Recuperar nuestro poder individual

Llega un momento en la vida de aquellos destinados a la grandeza en que debemos plantarnos ante el espejo de la importancia y preguntar: *si se nos ha dotado del corazón valeroso de un león, ¿por qué vivimos como ratones?*

Hemos de fijar la mirada en nuestros ojos cansados y examinar por qué desperdiciamos tanto tiempo dejándonos llevar por cualquier distracción que se presente, por qué nos acobardamos ante la idea de revelar al mundo nuestro verdadero yo, por qué rehuimos el conflicto y por qué nos conformamos con ser insignificantes. Debemos preguntar por qué participamos de un modo tan humilde en la frenética carrera de la sociedad, permitiéndonos entrar en laberintos de mediocridad y conformándonos con migajas cuando la naturaleza ha ofrecido libertad, poder y riqueza ilimitados a los valientes, los perseverantes, los creativos, los independientes; a *cada uno de nosotros.* Debemos preguntar si nuestros deseos de sentirnos seguros y aceptados por los demás, en realidad no nos convierten en meros esclavos de la opinión popular... y del tedio. Debemos preguntar: ¿cuándo estaremos preparados para ascender a otro nivel de existencia?

Cuando en el curso de los acontecimientos humanos se hace necesario realizar dichas preguntas y anular las creencias y conductas que nos han limitado, asumiendo una vez más los poderes de nuestro yo que Dios y las leyes de la naturaleza nos han otorgado, el respeto y la decencia por la humanidad exigen que declaremos los motivos que nos impulsan a ejercer nuestra fortaleza y a apartarnos de aquellos que obstaculizan nuestra vitalidad, nuestro crecimiento y nuestra felicidad.

Debemos recuperar nuestro poder y nuestra libertad individuales.

Consideramos evidentes estas verdades: que todo hombre y toda mujer son creados iguales, aunque no vivamos la vida de igual manera debido a las diferencias en cuestión de voluntad, motivación, esfuerzo y costumbre. Que nuestro Creador nos dotó de ciertos derechos inalienables, entre los que se encuentran la vida, la libertad y la búsqueda de la felicidad, pero que nos corresponde a cada cual estar alerta y ser disciplinados si deseamos lograr una vida tan vital, libre y feliz. Creemos que el mayor poder del ser humano es la capacidad de pensar de manera independiente por nosotros mismos, de elegir nuestros propios objetivos, afectos y actos. Pues en el corazón de la humanidad habita el instinto natural de gozar de libertad e independencia, la predisposición psicológica de tener autonomía, el imperativo biológico hacia el crecimiento y la dicha espiritual al elegir y avanzar en nuestra propia vida. La principal motivación de la humanidad es ser libre, expresar nuestro verdadero yo y perseguir nuestros sueños sin limitaciones; experimentar lo que podríamos llamar libertad personal.

Para garantizar estos derechos y esta libertad personal, hombres y mujeres con conciencia no deben consentir que el miedo, los convencionalismos ni la voluntad de las masas los controlen. Debemos gobernar nuestras propias vidas, y cuando nuestros pensamientos y actos se vuelven destructivos, tenemos la responsabilidad de cambiarlos o suprimirlos y establecer nuevos hábitos como cimientos para una vida más libre y más feliz. Debemos ejercer nuestro poder, mejorando nuestra forma de pensar y de relacionarnos con el mundo.

Cuando una larga cadena de opresiones autoinfligidas y controles de la sociedad ha reducido nuestra fortaleza e independencia, tenemos el derecho y el *deber* de desechar esa vida, levantarnos de nuevo y atravesar las puertas de la grandeza libres de responsabilidades.

Hemos sufrido de forma paciente durante tiempo más que suficiente, abrigando la esperanza de que alguien o la suerte nos concediera más oportunidades y más felicidad algún día. Pero nada externo puede salvarnos y este fatídico momento se acerca cuando nos vemos atrapados en este nivel de vida o cuando elegimos ascender a un plano más elevado de conciencia y felicidad. En este mundo enfermo y turbulento hemos de hallar la paz en el interior y volvernos más independientes al crear la vida que merecemos.

Esta será una tarea complicada, ya que el historial de nuestros actos a menudo cuenta una historia de sufrimientos autoinfligidos e infelicidad, originados por nuestro ciego deseo de que personas que apenas conocen nuestro verdadero corazón y poder nos consideren dignos, aceptables y encantadores. Y por eso nos hemos reprimido; nos olvidamos de establecer con lucidez nuestras intenciones y valores y no expresamos nuestros deseos y sueños con demasiada frecuencia. El azar y la mediocridad a menudo prevalecían y los ruidosos y los necesitados dictaban quiénes éramos y qué debíamos hacer; nuestras vidas se convertían en objeto de la tiranía de los tontos. Si podemos ser lo bastante vulnerables y valientes como para reconocer semejantes tropiezos, podríamos ver el potencial que no materializamos; podríamos ver un resplandeciente camino nuevo.

Por lo tanto enderecemos nuestras vidas. Enfrentémonos al espejo y seamos francos. Da igual qué veamos, utilicemos estas verdades humanas y compromisos personales corrientes para reclamar nuestra libertad:

Con demasiada frecuencia nos perdemos en el abismo del desconocimiento. A menudo pasamos por alto la energía y las cosas buenas que nos rodean y la importancia del momento presente. Da la impresión de que prefiriésemos estar en otra parte haciendo otra cosa, como si estuviéramos viviendo en zonas horarias lejanas, con un adelanto o un retraso de horas con respecto al alegre tictac y de la dicha del ahora. Hemos olvidado que el enemigo natural de la vida no es la lejana muerte, sino una falta de interés actual e inmediata por vivir. Si deseamos ser libres y estar vivos con plena autoridad, hemos de decidir aplicar toda la fuerza de nuestra mente consciente a la experiencia presente. Hemos de elegir *sentir* de nuevo. Hemos de establecer metas en función de quiénes somos, para los roles que deseamos representar, para nuestra manera de relacionarnos con el mundo. Sin un vivo interés, no podemos conectar ni con los demás ni con nosotros mismos, ni podemos cumplir con las exigencias actuales con elegancia. Por eso, proclamamos: NOS ENFRENTAREMOS A LA VIDA CON PRESENCIA Y AUTORIDAD PLENAS.

Hemos cedido el control de nuestra vida cotidiana. En medio de las constantes distracciones, se ha esfumado nuestra disciplina a la hora de perseguir grandes ambiciones. El espacio en blanco de un día libre parece inconmensurable porque una falsa aunque imperiosa necesidad de responder a todas las necesidades de los demás nos ha hipnotizado. Frívolos intereses o falsas emergencias tiran de nosotros desde todos los ángulos, nos apartan del trabajo significativo y a menudo no estamos seguros de cómo compaginar nuestra vida con las necesidades de aquellos a quienes queremos. Con mucha frecuencia nos distanciamos de aquello por lo que más merece la pena luchar; nuestro trabajo rutinario nos ocupa todo el día, pero no es el trabajo de nuestra vida. La mayoría no siente un propósito de vida claro y estimulante; no ansían ese trabajo por la mañana ni orientan su presente a buscarlo. Una vida más dichosa, más llena de fuerza y más satisfactoria aguarda a quienes diseñan su vida de forma deliberada. Por eso, proclamamos: RECUPERAREMOS NUESTRO TIEMPO.

Algo dentro de nosotros sabotea nuestro deseo natural de libertad. Nos pide a gritos que paremos siempre que vamos más allá de lo que nos resulta cómodo; siempre que elegimos ser auténticos y afectuosos en un mundo aterrador; siempre que buscamos cambiar las cosas a costa de nuestra propia posición; siempre que deseamos algo magnífico que exigirá un gran esfuerzo. Nuestros demonios internos nos infectan de preocupación y temor siempre que cabe la posibilidad de que seamos vulnerables, impidiendo así nuestro crecimiento y vitalidad. Nuestro destino está determinado por lo bien que conocemos a nuestros demonios de la duda y la dilación, lo bien que nos defendemos de ellos y las batallas que les ganemos cada día de nuestras vidas. Si carecemos de autodominio somos esclavos del miedo. Con autodominio, la grandeza y la trascendencia son nuestras. Por eso, proclamamos: VENCEREMOS A NUESTROS DEMONIOS.

La mayoría no maduramos tan rápido como somos capaces de hacerlo. Estamos sumidos en una pausa constante; esperamos y esperamos para descubrir quiénes somos, para declarar nuestros sueños, para luchar por lo que queremos, para abrirnos por completo al amor y a la vida. Esperamos a que el coraje individual surja dentro de nosotros o a que la sociedad nos garantice un mal definido permiso para activar nuestro potencial. Hemos olvidado que el coraje es una opción y que ese permiso para avanzar con valentía no lo proporcionan las masas temerosas. La mayoría hemos olvidado que buscar el cambio siempre requiere de un toque de locura. Si actuar antes de que se den las condiciones perfectas o de que recibamos permiso es irracional o imprudente, entonces debemos ser irracionales e imprudentes. Debemos recordar que no somos la suma de nuestras intenciones, sino de nuestros actos. La iniciativa valiente y disciplinada es nuestro salvador; nos permite alzarnos, dar el salto, elevarnos a la cima de la verdadera grandeza. No debemos perder la importancia de este momento cuando nos suplica que empecemos algo grandioso y trascendental. Por eso, proclamamos: AVANZAREMOS CON PASO FIRME.

Estamos exhaustos. A nuestro alrededor vemos caras que parecen envejecidas, cansadas, serias. Oímos conversaciones que suenan cada vez más quedas y resignadas, como susurros de una familia cansada y que se desintegra. La energía emocional del mundo se está marchitando. Se ha desechado el bienestar en favor de la riqueza; se prefiere el éxito a la cordura. En el proceso, algunas personas se han vuelto indiferentes ante la vida y hacia los demás. ¿Dónde está el pulso intenso, eufórico y lleno de energía que cabría esperar de gente elegida y capaz? ¿Por qué no oímos más risas y más vida? ¿Dónde está la furia vibrante y desenfrenada del ser humano plenamente comprometido? ¿Dónde está la gente rebosante de carisma, felicidad y magnetismo? ¿Dónde está el aprecio por la chispa de la vida? Debemos examinar de nuevo nuestra actitud hacia la vida. Nuestro deber supremo debe ser reavivar la magia de la vida. Por eso, proclamamos: CULTIVAREMOS LA ALEGRÍA Y LA GRATITUD.

Cedemos con excesiva facilidad cuando la vida se vuelve difícil. La mayoría sacrifica la individualidad y la integridad sin luchar, aunque la arrogancia nos impide ver dicha verdad. Muchos nos creemos fuertes cuando un buen vistazo a nuestra vida revelaría una pauta de abandonos y retiradas demasiado rápidos, a menudo cuando nuestros seres queridos necesitaban que fuéramos fuertes o en el momento justo en que nuestros sueños estaban al alcance de nuestras manos. Por conveniencia o por la gran sonrisa de la popularidad, divagamos y renunciamos a aquello en lo que de verdad creemos. Pero aquellos que no dejan que la necesidad ni la desesperación pongan en peligro quienes son, poseen cierta nobleza. No debemos sucumbir al impulso de ser débiles o insensibles. En cambio debemos negarnos rotundamente a quebrarnos, eligiendo ese poderoso surgimiento del valor, ese inmenso compromiso con el amor, ese grandioso ascenso al reino del carácter que es congruente con nuestros más elevados valores. La libertad y la victoria pertenecen a aquellos que se mantienen fieles y firmes a pesar de la tentación. Por eso, proclamamos: NO VULNERAREMOS NUESTRA INTEGRIDAD.

No estamos transmitiendo ni recibiendo amor tal y como estábamos destinados a hacer por mandato divino; estamos filtrando el amor en vez de sintiéndolo. Caímos en la histeria predominante que decía «protege tu corazón» y comenzamos a creer que el amor en sí tenía enemigos y había que protegerlo. Cuando nos hacían daño, sentíamos que el amor estaba de algún modo debilitado o dañado. Pero el sufrimiento no tiene nada que ver con el amor y el amor es ajeno al sufrimiento y no se ve afectado por él. Era el ego lo que estaba herido, no el amor. El amor es divino; está en todas partes, es omnipresente, abundante y libre. Es una energía espiritual que, en este mismo instante, fluye a través del universo; a través de nosotros, a través de nuestros enemigos, a través de nuestras familias, a través de millones de almas. Nunca se ha ausentado de nuestras vidas. No está vinculado a nuestros corazones ni a nuestras relaciones y por eso no se puede poseer ni perder. Hemos permitido que nuestra percepción del amor disminuya; eso es todo. Al hacerlo, hemos provocado nuestro propio sufrimiento. Debemos madurar y comprender que liberar nuestra mente de viejos sufrimientos y abrirla una vez más al amor nos dará acceso a la fuerza divina. Estar abierto al mundo a nivel emocional y entregar nuestro corazón sin temor a sufrir ni exigir reciprocidad es el mayor acto de valor humano. Por eso, proclamamos: FOMENTAREMOS EL AMOR.

Una generación tras otra continúa fallando a la hora de mantener los ideales y virtudes de la humanidad. El grave zumbido de la mediocridad y el atroz tono del narcisismo han sustituido a lo que en otro tiempo fue la sociedad cantando al unísono a la virtud, al progreso y al altruismo. Nuestras aptitudes y nuestro propósito colectivo no están dedicados por completo al control personal y a la colaboración social, sino que derrochan voyeurismo y sensacionalismo básico. No tenemos por costumbre destacar un error ni esperamos que nosotros mismos u otros actúen con integridad, brillantez o amor por norma general. Ha habido una falta mundial de liderazgo, que ha generado una población patética, pobreza injustificable, codicia desmedida y un planeta saqueado y atrapado por la guerra. Muchas personas temen exigir más; temen atreverse, como han hecho los grandes líderes del pasado, a incitar con valientes retos a quienes carecen de rumbo a que se levanten y colaboren. *Hemos* de aspirar a algo mejor. De la miseria de un entorno moral contaminado deben emerger unas cuantas personas honradas, sin miedo a cuestionar la dirección del mundo. La historia se surtirá de nuestros actos, así que seamos decididos y grandes. Por eso, proclamamos: INSPIRAREMOS GRANDEZA.

La *prisa* se ha convertido en el jefe. Hemos dejado de sentir el sosiego, la asombrosa plenitud, belleza y divina perfección del momento. La mayoría pasamos por la vida en tromba, sin reparar en sus sentidos ni en su entorno, sordos y ciegos a las mágicas cualidades de... *este... preciso... instante.* No debemos perdérnoslo todo, no debemos pedernos la *vida*, pero eso hacemos; exhaustos, estresados y despojados del presente. El coste es inmenso, con tantos momentos desdibujados por la celeridad, la preocupación y el pánico, todo amontonado en ajetreados días, creando la catástrofe que supone una vida donde no hay experimentación ni alegría. Muchos solo alcanzan a recordar vagamente la última vez que rieron con tantas ganas que les dolía, que amaron tantísimo que desencadenaron una hermosa inundación, que jaleamos tanto que forzamos las cuerdas vocales, que sentimos tan hondo que provocó un mar de lágrimas, que pasamos un rato tan maravilloso que se convirtió en leyenda; momentos *vividos* en plenitud. Debemos r-a-l-e-n-t-i-z-a-r-l-o todo, no solo estar más presentes en el momento concreto, sino que también debemos alargar ese momento para *sentirlo* de verdad. La vida tiene que ser vibrante, hay que sentirla a fondo, desarrollando un mosaico de prolongados momentos llenos de sentido. El presente hay que disfrutarlo como un alto junto a un fresco riachuelo durante la canícula del verano. Por eso, proclamamos: RALENTIZAREMOS EL TIEMPO.

La mayoría de estos problemas de nuestra vida nos los hemos impuesto nosotros mismos. No obstante, hasta cuando tomamos conciencia de ellos, buscamos el cambio en los términos más humildes; establecimos metas realistas y nos esforzamos para alcanzarlas. Pero temerosos de liberar toda nuestra energía, vimos marchitarse nuestra voluntad, apuntamos bajo y hasta nuestros intensos esfuerzos se vieron apagados por la distracción o la crítica de una cultura conformista. Nos quejamos de manera angustiosa e iracunda porque debería ser más fácil, porque mucha de la energía negativa que impregna nuestra vida la genera el despreciar las inevitables adversidades del cambio.

Recordemos que en la historia de la humanidad hay solo dos temas siempre recurrentes: la *lucha* y el *progreso*. No debemos desear el fin de lo primero, ya que lo último quedaría sepultado con ello. Por eso, dejemos claro que esa parte pequeña, quejumbrosa e indisciplinada de nosotros —el carácter ausente que solo quiere lo cómodo y lo fácil— no es apta para ser quien rija nuestro nuevo destino.

Tampoco podemos permitir que los hombres y mujeres apáticos que no piensan a lo grande causen estragos en nuestro futuro. No debemos dejar que las presiones sociales contaminen nuestro potencial. No cabe duda de que de vez en cuando hemos advertido a otros de que nos trae sin cuidado lo que piensan o que sus opiniones sobre nosotros no están justificadas. A menudo nos hemos quejado, hemos hecho peticiones a terceros o recordado a la gente las circunstancias que nos hacían querer mejorar nuestras vidas. Hemos apelado a su magnanimidad para que fueran más amables o más comprensivos y les hemos pedido que, como espíritus afines, nos apoyaran contra aquellos que interrumpían nuestro cambio. Pero los demás han hecho oídos sordos a nuestras verdaderas voces la mayoría de las veces. No creyeron en nosotros, no nos apoyaron ni nos animaron cuando más falta nos hacía. Por tanto ya no debemos seguir esperando su ayuda ni su aprobación. Debemos considerarlos, igual que consideramos al resto de la humanidad, enemigos en la batalla si se interponen en nuestros sueños, pero amigos en los momentos de paz y de auxilio.

Despertemos ahora y démonos cuenta de que tenemos mayor vitalidad, felicidad y libertad a nuestro alcance. Hay más sensaciones. Hay más poder. Hay más amor y abundancia. Pero acceder a todo ello depende de nosotros, ya que solo dos cosas pueden cambiar nuestra vida: que algo nuevo entre en nuestra vida o que algo nuevo surja de *dentro*. No abriguemos esperanzas de que la suerte cambie nuestra historia; reunamos el valor para cambiarla nosotros mismos. Algunas cosas se interpondrán en nuestro camino, pero ya no debemos ocultarnos ni menospreciarnos por más tiempo. Creamos ciegamente que merece la pena luchar por nuestros sueños y que ha llegado el momento de liberarnos y alcanzar la gloria.

Por lo tanto, como hombres y mujeres libres con coraje y con conciencia, apelamos a nuestro Creador para que nos dé la fuerza para vivir nuestras metas y, en nombre de nuestro destino, dar a conocer y declarar que nuestra vida es, y por justicia tiene que ser, libre e independiente. Declaramos que estamos liberados del juramento de lealtad a aquellos que nos oprimen o perjudican y que toda relación social entre ellos y nosotros está y tiene que ser por completo anulada, y que como personas libres e independientes, tenemos plena autoridad para ejercer nuestra verdadera fuerza, vivir nuestros sueños, encontrar la paz, crear riqueza, amar abiertamente a aquellos que ocupan nuestro corazón, colaborar sin miedo y sin necesidad de permiso, luchar por alcanzar la grandeza individual, servir al bien común y realizar cualquier otro acto y hacer cualquier otra cosa que las personas independientes y motivadas tienen el derecho de hacer. Y con el fin de respaldar esta declaración, con una firme confianza en la protección de la divina Providencia, comprometemos nuestra vida, nuestra fortuna y nuestro sagrado honor.

PRIMERA PARTE

Sobre la naturaleza humana

1

Sobre la libertad

Quiero la libertad para la plena
expresión de mi personalidad.

Mahatma Gandhi

La humanidad tiene derecho a una vida dinámica, genuina y plena de sentido. Pero la mayoría no logramos alcanzarla. Somos leones y leonas que vivimos como ratones. En vez de explorar la sabana en libertad, estamos viviendo vidas insignificantes y dispersas. La vocación de todo hombre y mujer que respira es tener una visión grandiosa para sus vidas y reclamar cada día la inmensidad de esa visión. Pero en lugar de perseguir nuestros sueños con confianza, solemos sentarnos de mal humor a hacer reproches y a quejarnos, persiguiendo irrisorias metas que engañan a la magnificencia de nuestro ser. ¿Es esta nuestra verdadera naturaleza?

Desde luego que no. Estamos destinados a ser independientes y libres, con el corazón rebosante de una pasión feroz por la vida. El presente debe ser nuestro y nuestro fin es vivir como realmente somos y disfrutar al máximo de la libertad de la vida mientras perseguimos nuestro propio sentido y propósito, nuestro propio legado. Si conseguimos liberarnos de las limitaciones sociales podemos tener ese presente y podemos saltar y estirarnos, expresando nuestro poder en su totalidad. Podemos perseguir nuestros sueños con una ferocidad inimaginable para esas criaturas atrapadas en el desierto del estrés y la tristeza.

Así que no olvidemos lo que buscamos:

La principal motivación de la humanidad es buscar y experimentar la libertad personal.

No se trata de un alegato político ni necesariamente de una filosofía oriental. Sería difícil negar que todos los habitantes del mundo en el fondo desean las grandes libertades: libertad social, libertad emocional, libertad creativa, libertad económica, libertad de tiempo, y libertad espiritual. Da igual la religión o filosofía espiritual o de vida de una persona, esta quiere la libertad para ejercerla. Este argumento prosigue: da igual cómo quiera sentirse alguien en la vida, las personas desean la libertad para sentirlo; da igual lo que uno quiera crear y aportar, las personas desean la libertad para hacerlo; da igual lo que alguien sueñe hacer con su jornada laboral o su tiempo libre, las personas desean la libertad para encauzarlo y disfrutarlo; da igual la orientación política, las personas desean la libertad para seguirla y respaldarla. Y por ello, en los cimientos de todos nuestros deseos se encuentra el deseo, aún mayor, de libertad para *elegir* y *hacer* realidad ese deseo.

> Elegir nuestros objetivos y proponernos conseguirlos
> origina una sensación de vitalidad y motivación
> en la vida. Lo único que echa por tierra nuestros
> intentos son el miedo y la opresión.

En el fondo eso es la libertad personal: libertad de las restricciones de la tiranía *social* y opresión *autoinfligida* que es el *miedo*. Liberados de todo esto, tenemos la capacidad de expresar quienes somos en realidad y perseguir lo que en el fondo deseamos sin restricciones establecidas por terceros o por nosotros mismos.

Cuando experimentamos la libertad personal, tenemos una sensación exacerbada de *autenticidad* y *júbilo* en nuestro ser. Sentimos que no tenemos límites, que somos independientes y autosuficientes. Hay una sinceridad y vitalidad en nuestra forma de relacionarnos con los demás y de colaborar con el mundo.

La libertad personal, que es nuestro objetivo, significa:

- Vivir libremente forjando una vida según nuestros propios términos.
- Ser libre hoy de opresiones, de sufrimientos pasados y de preocupaciones actuales.
- Ser alegre y espontáneo como los espíritus libres.
- Hablar con valentía de nuestros pensamientos, sentimientos y ambiciones con aquellos que nos rodean, sin preocuparnos por que nos acepten.
- Disfrutar de nuestro libre albedrío para buscar abundante felicidad, riqueza, salud, logros y aportaciones.
- Amar libremente a quien elijamos con apasionado abandono.
- Valernos por nosotros mismos, profesando y protegiendo nuestras ideas y nuestra integridad.
- Cumplir una misión que hayamos elegido.
- Luchar para darles a nuestros hijos una base de dicha libertad, forjando en sus corazones la voluntad para vivir como prefieran a fin de que puedan enfrentarse a la opresión con valentía y recibir las oportunidades con un virtuoso propósito de colaborar.

¿Puede alguien negar que estas son las cosas que todos los seres humanos deseamos y luchamos por conseguir?

Durante siglos, los revolucionarios, humanitarios, filósofos y líderes espirituales han expresado la necesidad de libertad individual como el gran impulsor de las personas. Hemos oído su esencia expresada como el *derecho inalienable de la humanidad* para pensar por nosotros mismos; para hablar sin tapujos; para buscar la felicidad, la paz y la prosperidad, y para cantar a nuestra propia concepción de lo divino, sin la conformidad impuesta por las mentes estrechas ni por nuestra propia estrechez de miras.

Aparte de los tiranos que oprimen a su gente mediante el miedo, este argumento común se ha planteado en la mayoría de culturas modernas, movimientos políticos y áreas de estudio humano: *cada uno de nosotros, cada individuo, debemos tener el derecho a hacer que nuestra vida prospere de forma feliz y pacífica, sin miedo, sin sufrimiento, sin reclusión o limitaciones sociales arbitrarias.*

De forma inherente sabemos que la vida pierde su sabor y nos sumerge en la melancolía y la mediocridad cuando otros la controlan. Sin esa lucha por alcanzar la libertad individual, ¿en qué nos convertimos? Renunciamos a nuestro libre albedrío por una sociedad de desconocidos que no hablan de libertad ni de valentía, sino de conformidad y de precaución. Nuestro verdadero yo queda subyugado y un seudo yo emerge, un mero reflejo de una sociedad que ha perdido su rumbo. «Ellos» empiezan a gobernar nuestra vida y enseguida dejamos de ser «nosotros», limitándonos a caminar como zombis rellenos de las exigencias de las expectativas y preferencias de otros. Nos convertimos en esas almas enmascaradas que se pasan el tiempo vagando por una tierra salvaje de monotonía y tristeza. Nos cansamos y nos debilitamos. Perdemos nuestra naturaleza. Y entonces vemos lo peor del comportamiento humano; una masa de gente que no se defiende a sí misma ni a los demás, sino que solo hace lo que le dicen.

De esta realidad surgieron los peores horrores humanos de nuestro pasado: asesinatos en masa de razas y clases porque la poderosa élite o las iglesias dijeron que arrasaran la tierra o limpiaran las almas; el Holocausto que sufrieron millones de personas porque el mundo se quedó mirando demasiado tiempo antes de actuar; la indiferencia masiva de una sociedad que permite que su gente muera por culpa del hambre y de la guerra; los despreciables actos de muchedumbres y dementes que simplemente no respetan la libertad ni los derechos del individuo. Cuando la libertad desaparece, empieza el sufrimiento para todos.

¿Por qué la libertad nos llega tan hondo al corazón?

Se debe a que la libertad está estrechamente unida al deseo humano de *ascender*: nuestro deseo natural de superar nuestras circunstancias y realizar nuestros objetivos, nuestro potencial, nuestro yo más elevado.

Todas las cosas que hacen que la vida merezca la pena para los grandes hombres y las grandes mujeres —la búsqueda de la felicidad, el desafío, el progreso, la expresión creativa, la aportación, la sabiduría adquirida con esfuerzo y el entendimiento— derivan de nuestro *deseo de ascender a niveles más altos de ser y de entrega.*

Cada ser humano tiene una tendencia natural a ascender a planos de existencia más elevados, pero depende de nosotros estar a la altura de esa tendencia con auténtica iniciativa. Debemos recordar que la libertad solo se puede alcanzar mediante el libre albedrío y la voluntad diligentes. Buscar ascender en la vida requiere agallas y determinación, esfuerzo y coraje. Pero toda la gloria de la vida y la historia pertenece a aquellos que se esfuerzan. Piensa que los grandes maestros y líderes del pasado se formaron para ser libres de tiranías sociales y autoinfligidas hasta extremos sorprendentes. Lucharon pero aprendieron a ser libres en el momento para expresar quiénes eran en verdad y para crear y colaborar con el mundo sin el paralizador miedo. No sintieron la necesidad de conformarse, sino que aprendieron a ser independientes, únicos y auténticos mientras servían al mundo de manera satisfactoria, aun cuando a menudo se les juzgaba y encarcelaba. En el ámbito de dicha liberación personal se encuentran las figuras más notables del mundo: Gandhi, Frankl, King y Mandela eran libres a pesar de que estaban encarcelados.

Solo hay que echar un vistazo a la historia y la libertad salta de las páginas como icónicas metáforas:

Es el valiente revolucionario, a quien vimos como la solitaria figura sobre el cadalso, negándose a retractarse de sus creencias y a dejar la lucha por la independencia.

Es cada gran revuelta que celebramos, cuando vimos a una minoría enfrentarse a fuerzas más numerosas y mejor armadas, dispuesta a ser masacrada para que sus hijos puedan tener una oportunidad de ver la libertad otro día.

Es la formación de nuevas naciones, donde vimos las bombas estallar en el aire y el hogar de los valientes erigirse sobre los cimientos de la libertad.

Es la carrera por las nuevas tierras, donde vimos caballos salvajes galopar hacia el Oeste, llevando a hombres aún más salvajes que corrían a reclamar una nueva vida.

Es el alma de la guerra de Secesión, donde vimos vecinos divididos entre el azul y el gris, matándose unos a otros, tiñendo de sangre la tierra de su patria y sin embargo alzándose al final como uno solo para abolir la idea de que sus congéneres humanos deberían ser esclavizados para siempre.

Es la ruptura de las ataduras terrenales, donde vimos a dos hermanos en un planeador casero pasar por encima de las cadenas de la gravedad.

Es el impulso tras la Primera Guerra Mundial, donde vimos caras manchadas de barro y de sangre a miles de kilómetros del hogar, vestidos de verde militar, armados solo con cuchillos y rifles, cantimploras y el sentido del deber, del honor y de la patria.

Es la lucha contra Hitler, donde vimos a ese tirano bajito y malvado ser —lleno de una rabia atroz, infligiendo horrores y muerte a millones de personas— por fin destruido por un grupo de países, liderado por un hombre libre en silla de ruedas.

Es el mayor sueño jamás expresado, donde vimos a miles marchar en ciudades presas del miedo y de la intolerancia contra una oleada de piquetas, perros y mangueras; donde vimos marchar a cientos de miles hacia esa soleada ciudad sobre una colina para escuchar el sueño de un hombre de dejar que repicara la libertad.

Es ese salto gigante de la humanidad, donde vimos esa pequeña cápsula metálica transportar a hombres valientes ataviados con inflados trajes blancos más allá del cielo azul hacia la negrura, trascendiendo sus propias ataduras terrenales, aterrizando en la luna y regresando a un mundo que jamás podría volver a creer que existe algo imposible.

Es la caída del Muro de Berlín, donde vimos a millones de personas ávidas de libertad echando abajo el muro metafórico y real que dividía a la humanidad. Décadas después y a miles de kilómetros de distancia, en otro país cuyo gran muro sigue en pie, vimos a un hombrecillo en una gran plaza cuadrada plantarse de manera desafiante delante de un tanque que se aproximaba, proclamando su derecho a la libertad.

Estas son las imágenes imperecederas de nuestra historia, teñidas por la sangre, las lágrimas, el esfuerzo y el sudor de aquellos que buscaron y lucharon por alguna forma de liberación. Una y otra vez vemos marchar a millones, vemos luchar a millones, vemos morir a millones, y millones prosperan, todo en pro de la causa de la libertad.

La historia más reciente de la especie humana
es su búsqueda de más libertad
y las luchas relacionadas para ascender
a niveles más elevados de vivir y de relacionarse.

En esos deseos divinos de derrotar la tiranía, la opresión y los límites de nuestra propia oscuridad y estrechez de mente hallamos continua esperanza para la humanidad.

Aquellos que encontraron la esperanza y vivieron una vida libre y feliz a pesar de las brutalidades y la oscuridad de la historia no solo fueron personas afortunadas, con suerte y fama, sino gente con conciencia y con coraje. Conocían las exigencias de su época, que su destino estaba relacionado con el hombre o la mujer a su izquierda y a su derecha y que tendrían que seguir estando motivados para superar sus demonios interiores y los tiranos sociales del mundo. La suya fue una larga marcha de lucha, resistencia y entendimiento. Declararon sin concesiones su independencia, sus derechos y su propio rumbo. Su única referencia era interna, un manifiesto dentro de su mente que exigía el coraje para ser ellos mismos y la disciplina para encauzar sus energías hacia propósitos más elevados.

Debido a su ejemplo, tenemos muchas libertades sociales por las que dar gracias. A nivel mundial, la libertad política continúa creciendo y se sigue deseando. Las libertades económicas están empezando a extenderse a más rincones del planeta. La individualidad y la originalidad se están imponiendo en el sector comercial. Todas estas libertades que en las culturas más liberales y ricas damos por sentado —ventajas por todas partes, protección de las amenazas físicas, amplio acceso a la educación y a la asistencia médica— llegaron a expensas de hombres y mujeres entregados a algún tipo de libertad.

Por esto, debemos a las generaciones pasadas —y, con el debido respeto, a las generaciones futuras— como mínimo el buscar y encontrar nuestra propia libertad personal moderna. Por esto hemos de despertarnos cada día con la absoluta certeza de que estas son horas cruciales en nuestra vida, en las que eludiremos una grandeza similar, prefiriendo la aprobación de las mentes pequeñas, o nos apoyaremos en personas honradas y libres que se niegan a conformarse. Así pues, a nuestra manera y con nuestra propia voz, nos haremos eco de su coraje y proclamaremos la libertad como nuestra lucha, nuestra causa, el reto mismo que nos hemos propuesto experimentar y alcanzar.

Las dudas sobre la libertad

Hay quienes han cuestionado que gozamos de excesiva libertad, que nuestras grandes libertades son algo demasiado bueno. La alargada luz de esta época dorada de paz y prosperidad ha cambiado el mundo para mejor, pero, para algunos, esto ha llevado a una quemadura del alma; una sobreexposición a la riqueza que ha conducido a la indolencia, a la codicia, al narcisismo y a creernos con derecho a todo.

Pero esas personas, aunque puedan vivir en zonas de la tierra más liberadas a nivel político, no son libres en realidad. Son presas de sus propios y recurrentes vicios. El hombre aquejado de ansias de poder o de dinero simplemente está afligido. Le atormenta el deseo constante de conseguir más sin motivo alguno. Lo más probable es que lleve una máscara social para triunfar y que por tanto dude siempre de sí mismo y de su vida, y el profundo desgarro interior hace que siempre le obsesione cómo conseguir más, por qué no lo tiene ya y a quién tendrá que complacer o en quién habrá de convertirse a fin de obtenerlo. La mujer aquejada de la necesidad de adoración no puede tener un solo instante de verdadera alegría libre de su obsesión consigo misma; es esclava de la eterna búsqueda de la juventud, la belleza y la aceptación social. Su imperecedero deseo le impide ver ciertas áreas de crecimiento y la aleja de otras, arrebatándole la oportunidad de expresarse de verdad y de alcanzar la sublime clase de amor verdadero que merece. Y en cuanto a creerse con derecho a todo, eso solo puede conllevar una desdicha constante; cualquiera que crea que han de dárselo todo por nada, jamás se librará de la inmadura envidia y desprecio por aquellos que tienen más que él. Esas personas tal vez sean las más enjauladas de todas, esclavas de una enorme ficción en la que el mundo entero les debe algo.

Por lo tanto, descubrimos que incluso en las culturas ricas y políticamente «libres» sigue existiendo la tiranía de la conformidad acompañada de confusión interior.

Esto nos lleva de vuelta una vez más a centrarnos en la libertad personal. La causa no desaparece solo porque haya libertad política o económica.

Siempre habrá algún tipo de presión social y siempre tendremos que liberarnos de las vanidades del mundo moderno para no convertirnos en criaturas perezosas, codiciosas y narcisistas de la humanidad moderna. Siempre tendremos que esforzarnos para alcanzar el autocontrol y el valor social para que podamos expresar con autenticidad quiénes somos y buscar con alegría lo que deseamos en la vida. Que ese sea nuestro trabajo.

Una causa interrumpida

Solo mediante la expresión de uno mismo y la búsqueda activa de nuestros objetivos podemos ser libres.

Pensar, sentir, hablar y comportarse de formas que son auténticamente nuestras genera integridad y determina los cimientos de nuestra felicidad. ¿Cómo hemos podido olvidarnos de este principio tan básico?

La búsqueda de la libertad personal se inicia cuando somos jóvenes y empiezan a formarse nuestras propias creencias y comenzamos a encauzar nuestra conducta de forma independiente de las órdenes de aquellos que cuidan de nosotros. Se trata de la niña que da sus primeros pasos lejos de su madre, que cruza la calle sola sana y salva, que elige con entusiasmo qué quiere comer, ponerse y dibujar o cómo quiere vestirse. Su historia es la de nuestra tendencia natural a ser independientes, un deseo de convertirnos en nosotros mismos. A medida que crecemos, el impulso se hace más marcado, más poderoso e intelectual; de manera consciente decidimos que queremos valernos por nosotros mismos, buscar nuestro camino, perseguir nuestros sueños, romper nuestras ataduras, amar sin autorización y colaborar sin límites. Decidimos ir al colegio, romper una relación, correr un riesgo, empezar una nueva carrera, unirnos a un movimiento, ver el mundo. Empezamos a afirmar nuestras ideas porque queremos dejar nuestra huella. Este impulso natural jamás desaparece.

El problema es que nuestra búsqueda se ve trágicamente interrumpida una y otra vez a lo largo de nuestra vida, arrebatada por aquellos que nos rodean o por nuestro pensamiento temeroso.

Y esa es la realidad a la que ahora nos enfrentamos.

Debemos superar la tiranía social y autoinfligida si queremos unirnos a las filas de las almas libres que aman su vida y lideran a su gente.

Tiranías sociales

Nuestra labor más difícil es vencer la tiranía social, el encierro de nuestro espíritu y la represión de nuestro verdadero potencial por parte de otras personas. Hablamos de momentos en los que alguien nos impone su criterio, su autoridad o su poder de un modo gravoso, cruel, manipulador o injusto. Sucede cuando un padre nos controla tanto que no podemos ser nosotros mismos; cuando un amante amenaza con retirarnos su amor si no hacemos lo que dice; cuando un jefe miente y luego nos amenaza para que no contemos la verdad; cuando queremos seguir nuestras creencias espirituales, pero la cultura nos ahoga con su dogma. Cuando las opiniones ruines, la crítica severa, los comentarios degradantes, las injurias o las expectativas poco razonables y las acciones directas o indirectas de cualquier otra persona son un lastre para nosotros. Cuando los demás nos hacen sentir insignificantes, impotentes o indignos es un efecto de la tiranía. Todas las barreras artificiales erigidas por una sociedad controladora son parte de esto; las absurdas reglas informales o la burocracia formal que limitan a las personas según su origen, clase, religión, raza, etnia, orientación sexual, edad o aspecto.

Algunos podemos recordar épocas dramáticas en las que se burlaban de nosotros por ser diferentes o nos manipulaban para que cediésemos a la conformidad. Podemos recordar situaciones en las que poníamos en peligro quiénes éramos para evitar el conflicto. *Renunciamos a partes de nuestra integridad a fin de llevarnos bien con los demás.* Empezamos a actuar como «ellos» en el colegio o en la oficina. Fingimos, esbozamos una sonrisa y seguimos el camino que nos dijeron. Hicimos todo lo posible para eludir el silencio del ostracismo o el escozor de su opinión. Por encima de todo, albergamos la esperanza de estar a salvo, de ser aceptados, de pertenecer.

La opresión social tiene lugar cuando las conductas de los demás menosprecian quiénes somos o nos impiden perseguir nuestros objetivos. A menudo, las personas que mejor se adaptan son las menos conscientes de este proceso y a menudo son las de menor éxito social y las menos auténticas: han asumido una conducta predecible y han perdido su espontaneidad y su autenticidad. Ya no se reconocen en el espejo; han renunciado a su individualidad; no son más que caricaturas coleccionables. Ninguna persona que piense con libertad quiere semejante destino y por eso debemos estar siempre alerta para rechazar el deseo de conformarnos.

Sin embargo, no se puede subestimar la sensación de seguridad que la conformidad genera en las personas; es uno de los mayores enemigos de la libertad personal. Las estructuras y recompensas de la sociedad proporcionan orden al individuo. Pero los puestos laborales, los ascensos, el «señor» y «señora», los puestos en gabinetes de asesores y el reconocimiento público raras veces nos aportan un profundo sentido. En realidad pueden hacer que nos sea más fácil estar seguros de nuestro rumbo. Si seguimos la senda predeterminada de lo que hacen los demás, podemos recibir señales de que estamos en el buen camino y de que seguramente seremos aceptados. Pero ¿y si perseguimos todo eso y creemos en ello y luego un buen día, al despertar, descubrimos que esas cosas no son lo que más importa?

Formular dicha pregunta, sacudir la jaula de la conformidad es invitar a que el verdadero peligro entre en nuestras vidas. Una vez liberado de la jaula, un animal se encuentra solo y sin saber qué hacer, apartado de una vida y de las cosas que entiende. La repentina incertidumbre puede ser paralizante. Si tuviéramos absoluta libertad en la vida, ¿qué haríamos, adónde iríamos, cómo nos comportaríamos de manera cotidiana y qué nos aportaría sentido? Estas preguntas pueden ser aterradoras.

Con esta incertidumbre se corre también el riesgo de ser vulnerables y padecer la soledad. Somos vulnerables porque estamos tras los barrotes protectores de la jaula que, aunque restrictivos, hacen que nos sintamos seguros. Los que están aún atrapados en la jaula ya no consideran a quien es libre como uno de ellos. Rechazar las expectativas de los demás suscita nuestros mayores miedos; que nos dejen aislados o abandonados, que nos consideren inferiores, que crean que no somos dignos de amor.

Pero permanecer confinado por las reglas de los demás conlleva otros peligros. Perseguir los premios que la sociedad nos dice que debemos querer, también nos aparta de nuestro verdadero yo. ¿Cuántos artistas dieron la espalda a su arte porque les dijeron que tenían que ganar dinero del modo tradicional? ¿Cuántas personas con talento eluden sus puntos fuertes para encajar en un rol más necesario aunque menos satisfactorio? *¿Cuántos han renunciado a sus sueños a fin de seguir un camino más seguro, rentable y aceptado a nivel social?* Los objetivos de otras personas —nuestros padres, nuestros profesores, *nuestros* cónyuges, nuestros fans— pueden convertirse en los nuestros si no estamos alerta. Su certeza puede reemplazar nuestra búsqueda de algo nuevo. Su objetivo colectivo puede subyugar nuestra búsqueda de un objetivo individual. Sí, seamos precavidos. Podemos perdernos rápidamente en los demás y en nuestra cultura. No nos convertimos en seres humanos libres y genuinos, sino en esclavos de la opinión.

Esta es la desdicha principal: vivir una vida que no es la nuestra.

Por lo tanto hay que tomar una decisión difícil entre las comodidades de encajar y complacer a los demás y nuestro más elevado motivo de alcanzar la libertad personal.

Esta decisión resulta más fácil una vez alcanzamos los niveles de madurez y entendimiento que nos permiten comprender que podemos ser libres como individuo pero no estar apartados por completo de nuestra cultura y nuestros seres queridos, que la independencia no excluye la interdependencia, que la singularidad individual no significa que debamos ser marginados sociales o espiritualmente distantes. *Aprendemos que cuanto más fieles somos a nosotros mismos, mejor podemos conectar y colaborar con el mundo.* Descubrimos que cuanto más libres, espontáneos y auténticos nos volvemos, más se refleja nuestra motivación y nuestra vitalidad y más atraídos se sienten los demás por nosotros y más desean estar a nuestro alrededor.

Opresiones autoinfligidas

Por desgracia, la mayoría de las opresiones no proceden de los demás, sino de la fuente que menos sospechamos: nosotros mismos.

La opresión *autoinfligida* es la condición de dejar que nuestros pensamientos y actos negativos nos limiten. Es un trabajo que viene de dentro, una carga sobre nuestro espíritu generada por la duda, la preocupación, el temor y la distracción constantes.

Nadie quiere ser la causa de nuestro propio fracaso en la vida, pero muy a menudo lo somos. Es nuestro torpe razonamiento, son nuestros malos hábitos los que arrebatan la energía a la vida. Nosotros mismos somos los máximos opresores de nuestra propia felicidad.

La opresión autoinfligida es evidente siempre que nos limitamos a nosotros mismos. Nos quedamos en casa en vez de salir porque explorar nos pone muy nerviosos. Posponemos una tarea importante o una excitante aventura nueva porque no podemos superar nuestra incertidumbre. Nos engañamos a nosotros mismos pensando que las cosas deben ser perfectas antes de liberar nuestro arte al mundo, cuando la realidad es que somos demasiado indisciplinados para hacer las cosas. Nos mentimos, no respetamos nuestras propias decisiones, permitimos que nuestros sueños se alejen sin perseguirlos. ¿Es que no tenemos claro que podemos ser nuestros peores enemigos? Pero también podemos ser nuestros propios salvadores. Mediante la expresión activa de nuestra verdadera naturaleza y el esfuerzo constante para dominar nuestra mente y hacer avanzar nuestra vida, por fin, después de tanto tiempo, podemos experimentar la libertad y la felicidad que nos merecemos en la vida.

Por eso buscamos el crecimiento personal: para *liberarnos* del dolor que nos causamos a nosotros mismos, para tomar mejores decisiones, para percibir mejor en quién nos estamos convirtiendo, para actuar con más confianza en sociedad y para desatar toda nuestra creatividad y contribuciones y volcarlas en el mundo con el fin de marcar una diferencia mayor. Obtener la libertad personal en este sentido es soltar toda la desconfianza y la aversión hacia uno mismo y concedernos permiso para ser ese yo único, poderoso y auténtico.

Al liberarnos para estar presentes y ser auténticos en la vida, es cuando encontramos la confianza y seguridad en nosotros mismos; es cuando crecemos, dominamos y comprendemos nuestro yo más elevado, cuando encontramos verdadera felicidad en nuestras relaciones y experiencias en el mundo, y cuando nos sentimos motivados y liberados.

De hecho, la *autenticidad* y el *crecimiento* son las reveladoras señales de que alguien es libre y está sano.

Conscientes de estas cosas, debemos ser responsables y valientes para pensar por nosotros mismos, para preguntar: «¿De verdad soy yo quien decide mis ambiciones, intereses, afectos y actos? ¿Estoy siendo mi auténtico yo en el mundo y persiguiendo las cosas que más me importan? ¿Me estoy abriendo al cambio y a los desafíos para poder esforzarme y crecer hasta alcanzar mi verdadero potencial?».

Esta clase de diligencia nos recuerda que el poder individual está directamente relacionado con la responsabilidad personal, cosa que la mayoría de la gente evita. Habrá quien albergue la esperanza de que la «libertad» signifique que podemos dejar o eliminar las responsabilidades de nuestra vida, pero nada más lejos de la verdad. La idea es la siguiente: «Si soy libre, ¿no debería estar libre de toda responsabilidad?». Pero la libertad personal no es tener libertad para satisfacer cualquier emoción o tendencia transitoria que nos apetezca. No significa que podamos actuar en base a cualquier necesidad fugaz, ser crueles con quienes nos rodean cuando nos venga en gana o comportarnos como bobos irresponsables solo porque sea divertido o placentero en ese momento. Todo ello supondría simplemente ser esclavo de impulsos y compulsiones subconscientes.

La libertad requiere responsabilidad para decidir quién somos por encima y más allá de nuestros impulsos, necesidades y presiones sociales inmediatos para poder expresar de forma sincera la clase de persona que queremos ser, para vivir la vida que de verdad queremos vivir y para dejar el legado que deseamos.

Si no somos libres para elegir nuestra personalidad, conducta y legado, es que nos controla otra cosa y por lo tanto carecemos de libertad. Y si no somos responsables de nuestras creencias y nuestro comportamiento, entonces alguien o algo lo es; por lo tanto, una vez más, somos esclavos. Y por eso la gran reivindicación está clara:

> Debemos ser conscientes y responsables de todas nuestras creencias y conductas si queremos ser libres.

De igual modo que la libertad no significa librarse de la responsabilidad, tampoco significa necesariamente la falta de esfuerzo. Sin lugar a dudas, todos anhelamos estar libres de sufrimiento y de limitaciones. Pero nuestra búsqueda de la libertad personal es más complicada. Sí, queremos librarnos del sufrimiento pero, paradójicamente, no nos importa *añadir incomodidad* a nuestra vida a fin de esforzarnos, de crecer, de cambiar las cosas. Aceptaremos sufrir si obtenemos algo a cambio, razón por la que exigimos mucho a nuestro cuerpo para hacernos más fuertes y rápidos, por la que nos levantaremos temprano a pesar del cansancio para cuidar de alguien a quien queremos, por la que sacrificaremos nuestro tiempo para ayudar a quienes lo necesitan, por la que aguantaremos algo injusto durante cierto tiempo con el fin de tener antes lo que *es* justo.

Por consiguiente, la libertad personal es algo más que estar libres de sufrimiento; se trata de ser libres para vivir, para disfrutar de verdad y desarrollarnos en la vida. No es simplemente estar liberados *de* las cosas malas que nos limitan, sino tener libertad *para* experimentar las cosas buenas que nos estimulan.

Hace mucho tiempo, la especie humana superó los instintos animales primitivos; cuando descubrimos la razón, la opinión y la inteligencia fuimos capaces de elegir más allá de nuestros simples impulsos físicos de rehuir el sufrimiento y buscar el placer. Aprendimos que el sentido es más importante que el placer inmediato. De hecho, ¿qué hemos aprendido de todos nuestros mentores, héroes, profesores, supervisores, líderes, santos y leyendas sino que en nuestros mejores momentos estamos dispuestos a olvidar el placer y a soportar el dolor a fin de tener libertad, sentido, amor y trascendencia?

Y por eso queremos estar libres del dolor y sin embargo celebraremos la lucha y la adversidad significativas porque sabemos que dichas cosas nos liberarán de un nivel de vida y nos introducirán en otro. Sabemos que el sufrimiento puede ser necesario y heroico, que no es preciso condenar nuestras dificultades, pero que a menudo se ven como un rito de acceso que abre las puertas de la grandeza. De este modo, la libertad personal es tal vez una ambición esclarecedora y romántica, heroica y poética pero igualmente real; *trascender* forma parte del instinto humano.

¿Es posible que esta trascendencia, esta libertad personal sea la principal motivación de la humanidad porque es también la exigencia y el destino principales de la experiencia humana? Hoy en día luchamos para tener más libertad de elección y más prosperidad con el fin de poder expresarnos con sinceridad y proporcionar más oportunidades a aquellos que queremos. Y en nuestros últimos momentos, todo por lo que hemos sufrido y que nos ha hecho sufrir se liberará cuando nuestra alma se deslice hacia la libertad definitiva de lo divino. Así es. En vida buscamos la libertad; en la muerte, nos liberamos en su inmensidad.

Una búsqueda constante

Para lograr y mantener la libertad personal hemos de dedicarnos a alcanzar el autodominio; hemos de determinar y controlar nuestras propias motivaciones para permanecer fieles a nuestro propio sentido de la identidad, a nuestro propio rumbo.

Teniendo esto presente, no tenemos por qué estar confusos en cuanto a *por qué* actuamos como lo hacemos. Merece la pena repetir esta verdad una vez más, metérnosla bien en la cabeza para que nuestros actos no sean ya fortuitos ni un misterio frustrante; cada decisión y cada acto de la humanidad surge de la esperanza de conseguir la libertad personal. Buscamos ser libres de las adversidades, del dolor, del miedo, de la preocupación y del deseo; libres de la opresión; libres para ser nosotros mismos; libres hoy para sentir sorpresa, espontaneidad y nuestro propio espíritu; libres para elegir el curso de nuestra vida; libres para perseguir nuestros sueños; libres para amar abiertamente sin que nos juzguen, nos condicionen y sin remordimientos; libres para dedicar nuestro tiempo, energía y recursos a causas en las que creemos; libres para experimentar y disfrutar de la paz futura, de las pasiones y de la prosperidad. Es la razón principal de todas nuestras luchas: *ser libres*.

Si conseguimos recordar que la libertad personal es lo que buscamos, podemos organizar, aspirar y realizarnos nosotros mismos. Por ello seamos plenamente conscientes de que la libertad personal es nuestra fuerza motriz y acordémonos de honrar ese deseo en cada una de nuestras ambiciones y actos diarios. Que la libertad repique de nuevo en nuestros oídos, con más fuerza, con más cercanía y más personalmente en esta ocasión. Seamos valientes en nuestra expresión individual y comprometidos a la hora de construir nuestra vida ideal.

Nada atenúa el esfuerzo ingente que requiere ser libre. Romper con la conformidad y perseguir nuestros sueños nos traerá ciertas desavenencias. Habrá peleas y sacrificios personales, miedo y desdicha mientras tratamos de ejercer de nosotros mismos de nuevo en el mundo. Una entrega vital a nuestra verdadera naturaleza y a nuestros sueños molestará a la gente o provocará su ira; herirá egos, pisará cayos, romperá relaciones y forzará la intervención de aquellos que intentan limitar o impedir nuestra marcha. Es posible que tengamos que enfrentarnos a los abusones, romper con los gilipollas, abandonar el tóxico entorno laboral y desafiar a los demás a que sean más honrados consigo mismos.

Sí, esta tarea será dura. Así que hagamos balance de lo que nos espera. Esta tarea requerirá que declaremos por fin quiénes somos y qué queremos. Requerirá nuevos niveles de presencia, autoridad y propiedad en los importantes roles que representamos en nuestra vida. Requerirá que cambiemos drásticamente nuestro presente y que restablezcamos por fin el control personal de nuestro tiempo. Requerirá valor para derrotar los demonios internos que desafían nuestra grandeza. Requerirá disposición para avanzar con paso firme más allá de nuestras propias zonas de confort. Requerirá nuevas prácticas de felicidad y un mayor sentido de la gratitud. Requerirá que nos neguemos a vulnerar nuestra integridad al enfrentarnos a las adversidades. Requerirá que demos rienda suelta al amor para que nuestra alma pueda elevarse. Requerirá que alcancemos la grandeza para que podamos servir y liderar y dejar nuestra huella. Y requerirá que percibamos el tiempo de forma diferente para que podamos experimentar cada momento de inmensidad y libertad. Para cada una de estas iniciativas debemos contraer valientes compromisos en nuestra vida.

Emplear toda la fuerza de nuestras energías en avanzar hacia la libertad personal —la auténtica vida plena de vitalidad y sentido—, *este* será nuestro objetivo. Pongamos en orden nuestras motivaciones para ajustarnos a una causa tan elevada y digna. Contraigamos nuevos compromisos y controlemos nuestra vida. Que el valor de la libertad repique en cada recoveco de nuestra mente, en cada pensamiento y acto que elijamos, en cada relación en la que influyamos, en los largos días y las largas marchas que conducen a nuestro yo más elevado y a nuestras aportaciones mayores, en todos los sueños cargados de esperanza nacidos de un alma liberada.

2

Sobre el miedo

Aquel que es valiente es libre.

SÉNECA

El miedo nos despoja de la libertad. Es el destructor de la grandeza. Esto lo sabemos, y sabemos que deberíamos domar nuestra mente a fin de vencer el miedo. Pero mira a todos los adultos que actúan como niños indefensos y huyen de la vida que quieren por miedo. Los oprimidos por la sociedad dicen «Bueno, tú no lo entiendes. La gente siempre me reprime y a mí me da miedo perseguir mis sueños porque otros me juzgarán y me rechazarán». Y los que están oprimidos por ellos mismos dicen «Tú no lo entiendes. No puedo perseguir mis sueños porque podría fracasar; podría no ser lo bastante bueno». Estos son los pensamientos de debilidad de los temerosos. Si queremos tener una vida dinámica debemos superar esa inmadurez y mirar al miedo a los ojos, reconociéndolo como una creación mental que solo nosotros alimentamos con pensamientos insignificantes que traicionan nuestra relevancia.

Es lo primero de lo que se da cuenta el humano consciente; a menos que nos persiga un animal letal o un humano trastornado o nos enfrentemos a daños físicos inminentes, como una caída que podría causarnos la muerte, el miedo es un mal gestor de nuestra mente.

Hoy nos enfrentamos a la multitud de pacificadores y profesionales autorizados, muchos de los cuales jamás han transformado una vida, que intentan engañarnos para que creamos que el miedo es una emoción positiva en la vida. Dicen «El miedo es algo natural» o «Un poco de miedo te motivará para que lo intentes con más ahínco» o «El miedo forja el carácter». Pero en la mayoría de los casos, eso es erróneo. El miedo es el ladrón de la luz de la humanidad. Puede que sea un instinto necesario que nos hace tomar la acertada decisión de huir del dolor, del peligro o de luchar, pero debemos desconfiar de él. La mayoría de las personas sufren en la vida a causa del miedo en lugar de beneficiarse de él. Aquellos que buscan hacer del miedo algo positivo son justificadores, no sabios. No son defensores del conocimiento. Tratar de disfrazar el miedo como un amigo es como obligar a un lobo a ser una mascota. La mascota no tardará en comernos vivos.

Declarar que dominaremos nuestros miedos es el primer gran salto hacia la libertad. Nuestra vitalidad, nuestro crecimiento y nuestro destino exigen que podamos derrotar al miedo. Dado que hay mucho en juego, entendamos mejor qué es el miedo en realidad.

El miedo es el motivo humano de la *aversión*. El miedo no nos ayuda a comprometernos con objetivos mayores. No nos ayuda a imaginar la grandeza. Su único objetivo es la liberación inmediata de la amenaza, la presión o el dolor. Con frecuencia se convierte en una muy necesaria estrategia para controlar cualquier situación dada para que el cuerpo —pero más a menudo el ego— pueda sentirse a salvo y no cuestionado.

El miedo se nos dio como una motivación para eludir el daño físico y la muerte. Eso es todo. *Somos nosotros quienes lo hemos pervertido, convirtiéndolo en una herramienta para proteger el ego.* Casi todo el miedo que experimentamos hoy no tiene *nada* que ver con una amenaza física. Hemos cogido este impulso de estar a salvo y lo hemos corrompido hasta convertirlo en deseos generados por el ego de sentirnos más cómodos a nivel emocional. Hemos pirateado su naturaleza a corto plazo y la hemos transformado en una herramienta a largo plazo para evitar circunstancias difíciles a fin de saciar nuestros deseos primarios de obtener aprobación. El miedo se ha convertido en una muleta para la debilidad emocional. Y como sucede con todas las muletas, seremos esclavos de su uso a menos que condicionemos nuestra fortaleza una vez más.

A la mayoría de la gente no le gusta hablar del miedo porque eso expone de manera inevitable la desagradable verdad de que muy a menudo huimos de nosotros mismos en vez de huir del verdadero peligro. Las preocupaciones modernas a las que sucumbimos no son más que subproductos del mal uso que hacemos de este motor primitivo. Prácticamente todo el miedo que experimentamos hoy, y el pensamiento y la conducta cobarde resultantes, no es más que *drama social* imaginario creado por impulsos y condicionamientos sociales *sin control*. Nos da miedo que nos rechacen, que nos aíslen o abandonen; pero no que nos coman vivos. Y ese tipo de miedos sociales se pueden superar mediante la práctica tenaz.

Cuando alguien dice «Me da miedo hablar en público», no se refiere a que le preocupe que alguien del público vaya a atacarle físicamente. Más bien quiere decir que teme el fracaso. Su problema no es una cuestión de seguridad real, sino de *confort emocional*. Si hablaran con mayor corrección, dirían «Me da miedo cómo me siento emocionalmente y si estaré a la altura de mis expectativas para mí mismo y para aquellos que me han puesto en el escenario. Me da miedo qué imagen daré. Me da miedo no hacerlo bien. Me da miedo perder el hilo o quedarme en blanco; me da miedo que no me respeten». Fijaos en el orden de estos comentarios. No es «el miedo me domina»; es «*me* da miedo». El «me» lleva la voz cantante; el ego está al mando.

Como es natural, todos nos enfrentamos a la libre expresión individual y todos queremos hacerlo lo mejor posible. Nos encantaría tener el poder para ser nosotros mismos en el escenario del mundo en todo momento. Nuestro mayor reto es que en una mente sin condicionar, el miedo es más escandaloso, más intenso e inmediato que nuestro deseo de autocontrol o de colaborar con los demás. El miedo eclipsa el impulso más noble de ascender a nuestro yo más elevado y cambiar las cosas. Estamos más atentos al sonido de perros ladrando que al de ángeles cantando. Pero, entonces, ¿qué se puede hacer?

El precio del miedo

Para dominar nuestro miedo antes debemos reconocer los espantosos efectos que tiene en nuestra vida. ¿Qué nos sucede cuando nos motiva el miedo? Perdemos nuestro núcleo emocional y nuestro carácter mental. La ansiedad plaga nuestros pensamientos. Todo pensamiento, inteligencia y conducta consciente se reduce a la autodefensa, y nos impide ser abiertos y fuertes. Nuestras inclinaciones naturales hacia la verdadera expresión individual se detienen y nuestra capacidad para actuar con el fin de hacer realidad nuestros sueños se paraliza. Cuando *permitimos* que el miedo sea una constante, nuestras ambiciones y comportamientos se vuelven insignificantes y limitados. Nos volvemos asustadizos, estresados y cobardes. Nos retraemos. Entropías de la energía de la vida; todas las cosas en la jaula del miedo se asfixian y mueren rápido.

Esta no es una discusión filosófica. El daño real y tangible lo causa el permitir que el miedo domine nuestra libertad personal. Algunas personas se convierten en esclavas del miedo, hasta el punto de que se sienten siempre indefensas, inferiores, dispuestas a rendirse. Dejan que otros les hagan daño porque no exigen que se respeten sus derechos. Van a lo seguro en silencio, jamás se muestran al mundo. Son los mansos los que podían heredar la tierra, pero nunca se alzaron para reclamarla; son los taciturnos que presenciaron atrocidades sin alzar la voz para protestar. Las buenas personas permanecen al margen de la historia y nunca dejan su huella. La gente pierde su negocio porque el miedo les impide cambiar e innovar. Los matrimonios acaban en divorcio porque uno o ambos cónyuges tienen demasiado miedo a abrirse, a comunicarse, a ser vulnerables, sexis u honestos.

A nivel social, todas las peores atrocidades de la humanidad dimanan del miedo. Quienes están movidos por el miedo sucumben al terror, a la desconfianza y a menudo al odio hacia otras personas. Su miedo da lugar a una arrogante autodefensa, hasta el punto de que quieren tener el poder sobre los demás. El levantamiento de gente diferente a ellos desafía su ego de forma tan feroz que se convierten en intolerantes y tiranos y a veces en asesinos a gran escala, cuyo miedo descontrolado genera una peligrosa ristra de inenarrables actos contra la humanidad. Son los Calígula, Mussolini y Bin Laden del mundo, que odian a los demás porque temen a aquellos que se interponen en su camino hacia el poder. Son los Robespierre, Eichmann, Sung y Jomeini; los Hitler, Stalin y Amin. Es la misma historia una y otra vez; aquellos con poder se sienten tan dominados por la inseguridad que, en vez de dedicar sus energías a ayudar a todo el mundo, se consuelan y obtienen placer hundiendo a quienes son diferentes, a aquellos a los que no entienden ni valoran.

No puede haber la más mínima duda de que tanto en la vida cotidiana como en el escenario del mundo, el miedo es el mayor usurpador del progreso y de la libertad personal. Es un hecho triste aunque cierto que la historia está plagada de hombres y mujeres buenos que simplemente *dejaron* que la motivación del miedo dirigiera sus vidas. Nada les indujo jamás a poner en orden su mente o nunca se propusieron esforzarse para condicionar sus pensamientos a fin de dominar el miedo, de elegir el conocimiento por encima de la facilidad de huir de la vida.

Aversión frente a ascensión

El miedo nos dirige solo si se lo permitimos. En casi todos los casos, es algo que podemos elegir activar o no activar. Podemos decidir correr o no correr, aunque nuestro ser nos pida a gritos que corramos. ¿Cómo podría un bombero adentrarse en un incendio para salvar gente? ¿Cómo el capitán de un barco daría los botes salvavidas a los demás? ¿Cómo las personas preocupadas seguirían compartiendo su voz con el mundo? Tal vez no nos *creamos* capaces de tomar la decisión de ser más valientes que temerosos, pero al final todos podemos convertirnos en dueños de nuestros impulsos.

> Una gran madurez se abre en la psique humana cuando aceptamos que podemos controlar nuestros impulsos mediante el condicionamiento de nuestros pensamientos y que solo nosotros somos responsables de nuestras emociones y reacciones en la vida.

Resulta difícil de aceptar, aunque no es menos cierto; si el miedo se está imponiendo en nuestra vida se debe a que seguimos eligiéndolo por encima de nuestros otros impulsos para ser fuertes, valientes y grandes. Este es el caso de la madre y ama de casa que quiere volver a trabajar, pero que no busca empleo porque deja que el miedo relativo a su valía la detenga. El del empleado que quiere pedir un merecido aumento, pero que teme que puedan negárselo. El del hombre que se siente inspirado para hacer una prueba para un musical, pero que le preocupa qué pensarán sus amigos. El del obeso demasiado avergonzado para entrar en un gimnasio, aunque sabe que está en juego su salud y su existencia misma.

La mayoría de adultos son conscientes de que están tomando la decisión de dejar que el miedo gane en una situación determinada. Pregúntale a una persona honesta «¿Sabías que estabas actuando por miedo la última vez que dejaste de comportarte como tú mismo o de luchar por algo que querías, y sabías que *tenías otra alternativa* en ese momento?». La persona sincera te responderá «Sí. Sabía que tenía la posibilidad de decir lo que pensaba o de ser más valiente. Pero estaba asustado. No quería que me juzgasen o me hiciesen daño, así que elegí el camino fácil».

Dejemos claro una vez más que si no somos libres, si no expresamos con sinceridad nuestra personalidad y perseguimos nuestros verdaderos deseos es porque estamos decidiendo actuar desde la aversión en lugar de hacerlo en base a la ascensión. Por lo tanto, nuestras grandes batallas en la vida son las que se libran entre nuestro deseo de libertad y los temerosos impulsos que destruyen el deseo. La yuxtaposición no podría ser más brutal; *en todo momento estamos actuando en base a un estado mental impulsado por el miedo o por la libertad.* Y es mucho lo que hay en juego; todo progreso en nuestra madurez y crecimiento como individuos y miembros de la sociedad depende de nuestras motivaciones. O gana el miedo o gana la libertad. Que esa frase suene a verdad en nuestra mente mientras hacemos realidad nuestra vida ideal:

Gana el miedo o gana la libertad.

Y por eso vamos a preguntarnos a nosotros mismos: *¿Girará mi vida en torno a la aversión o a la ascensión?* La primera es una vida motivada por el miedo, una vida insignificante que deja de lado la adversidad y se encamina hacia la seguridad a corto plazo, la autodefensa y la comodidad egoísta. La otra es una vida motivada por la libertad, una razón para actuar de acuerdo a nuestra auténtica humanidad hacia el crecimiento a largo plazo, la verdadera expresión individual y el esfuerzo ilustrado. Una es el condicionamiento de los seres débiles, limitados, conformistas y que sufren; la otra es el condicionamiento de los seres fuertes, espontáneos, independientes y realizados. Una nos llega como un impulso lento y a menudo patético; la otra requiere de nuestro pleno conocimiento y dedicación mental enfocados hacia el coraje y el autocontrol.

El condicionamiento social del miedo

¿Por qué algunas personas están más influidas por el miedo que por la libertad?

Solo puede deberse a que en el pasado fueron condicionadas para ser miedosas por quienes las rodeaban o por el mal uso de sus facultades mentales. No existe ninguna maldición genética ni rasgo de personalidad que condene para siempre a una persona más que a otra a tener miedo; el condicionamiento mental puede activar o desactivar incluso una predisposición genética a la ansiedad. *No somos esclavos de nuestra historia; podemos liberarnos mediante nuestros pensamientos conscientes y nuestros hábitos disciplinados.*

Empecemos a entender que el miedo está condicionado por la sociedad. Las personas miedosas suelen estar moldeadas por interacciones pasadas. Los padres críticos, los compañeros abusones, los profesores y jefes mezquinos las presionaron e influyeron para que fueran asustadizas y débiles y tuvieran miedo. La gente de su entorno siempre estaba advirtiéndoles y perjudicándolas y por eso se acostumbraron a sentir miedo. A partir de un pasado lleno de temor han generado un presente impulsado por el miedo.

No hay que culpar a nuestro pasado ni excusar nuestros temores. Cuando la gente adulta elige el miedo, no eligen sobrellevarlo o superarlo. Es una tarea difícil para muchos porque el miedo se ha convertido en su impulso predeterminado. Los pensamientos que rigen sus mentes y sus reflexiones recuerdan las cortantes pullas de los cuidadores críticos y errados que en otro tiempo los despreciaron. La buena noticia es que podemos cambiar este condicionamiento. Cuando tomamos conciencia de la responsabilidad nos damos cuenta de que no se puede hacer nada con nuestro pasado salvo verlo desde una nueva perspectiva. Podemos liberarnos de sus garras. No podemos controlar cómo nos trataron los demás ayer, así que esforcémonos en cambio por comprender cómo nos enfrentamos a aquellos que avivan nuestro miedo hoy en día. Los grandes esfuerzos para hacer avanzar nuestra vida llevan siempre a un nuevo momento en el que frenamos nuestro miedo y activamos nuestra libertad al escoger cómo sentir, interpretar y dirigir nuestra vida.

El dominio de la vida proviene en parte de contar con que el mismo tipo de personalidades que pretendían infundir miedo en el pasado nos los encontraremos de nuevo hoy o en el futuro. Al saber esto desconfiamos de la gente que socava nuestra libertad. Son las personas aprensivas, las débiles y, en casos raros, las malvadas.

LOS APRENSIVOS

Los *aprensivos* que nos rodean hoy son a menudo la mayor amenaza para exacerbar nuestro miedo. Son los que, con toda probabilidad, nos robarán nuestra motivación y nuestro destino porque a menudo aparentan ser nuestros amigos. Estamos tan cerca de ellos que su preocupación se nos puede contagiar. Debemos aprender a controlar nuestras reacciones en su presencia.

La mayoría de aprensivos no son mala gente. No tienen ni idea del miedo que imponen en nuestra vida ni de cómo sus incesantes dudas oprimen nuestro potencial. No ven que cometen traición al argumentar que vayamos a lo seguro. Es la madre afectuosa que dice constantemente «Cuidado, cielo» cuando su hijo realiza las actividades normales de la infancia; el compañero de trabajo que da diez razones por las que podríamos meternos en un lío y no dice una sola palabra sobre cómo podríamos cambiar el mundo; el amante que teme siempre que vamos a fracasar como pareja y sigue implorando que demos marcha atrás durante una pelea o nos apartemos de cualquier peligro.

Estas personas se creen consideradas, afectuosas y protectoras. Sus palabras precavidas suelen surgir del cariño. Quieren nuestro bien. Sienten que tienen el deber de protegernos de todo mal y por eso intentan dirigirnos por los muy transitados caminos que ellos comprenden. Son nuestros padres, amigos, colegas, amantes, vecinos y líderes.

Es una incómoda realidad social: *Debemos protegernos nosotros mismos para que no nos limiten aquellos que se preocupan por nosotros ni tampoco aquellos que se oponen a nosotros sin ninguna clase de tapujos.*

¿Qué se puede hacer? Debemos aprender a escuchar las dudas, la preocupación y la ansiedad con mucha perspicacia y no debemos incorporar los miedos de los demás a nuestra toma de decisiones. Desarrollar este tipo de perspicacia es fácil para una persona consciente, ya que casi todos los aprensivos utilizan el mismo lenguaje y los mismos argumentos; prefieren la *razón condicionada* como su escudo elegido para «protegernos». Su tono y sus frases realistas suenan todas iguales:

«Ten cuidado; podrías hacerte daño.»

«Ten cuidado; no sabes qué puede pasar.»

«Ten cuidado; podrían despedirte, olvidarte, rechazarte, odiarte, despreciarte, menospreciarte, meterse contigo.»

«¿Estás seguro de que quieres hacer eso?»

«No te gustaría eso.»

«Tú no eres así.»

«No puedes hacer eso.»

«Eso no es lo tuyo.»

¿No hemos oído todo esto antes? Sin duda todos conocemos a algún experto en idear argumentos elocuentes acerca de por qué no debemos ser demasiado enérgicos, entusiastas o resueltos a la hora de ir a por aquello que nos apasiona ni dar demasiados saltos hacia lo desconocido. Estas son las personas serenas y convincentes de nuestra vida; aquellas que dan explicaciones perspicaces en cuanto a que podemos acabar heridos, avergonzados o exhaustos si corremos riesgos o intentamos ser diferentes, creativos, vitales y valientes.

Estas personas no son crueles de forma clara. Creen que estás cumpliendo con su deber. Aparentan ser maternales y sensatas, trabajando con sumo celo para protegernos. Pero tengamos cuidado con el saboteador de sueños disfrazado de amigo bienintencionado. ¿Cuántas almas no han logrado elevarse porque las preocupaciones de un ser querido las ahogaron?

Si no andamos con cuidado, estar rodeados de constante preocupación puede limitar con rapidez quiénes somos y aquello de lo que podríamos ser capaces. Entonces ¿qué podemos hacer con nuestras afectuosas familias y amigos que sin querer limitan nuestra visión o nuestro empeño?

Hemos de ser generosos al interpretar su inquietud, ya que lo más seguro es que no sean conscientes de su insidioso efecto, que es enseñarnos a pensar en el peligro o en el daño antes que en cualquier otra cosa. No hemos de guardarles rencor a estos aprensivos; merecen paciencia y comprensión porque puede que estén atrapados por una mentalidad que prefiere la aversión a la ascensión. Dejemos que el miedo los gobierne si así lo quieren, pero no nos unamos a ellos.

Lo único que podemos hacer es escuchar con atención a aquellos en quien *confiamos* y evaluar con sobriedad cualquier peligro real. Pero hemos de cerrar nuestra mente a aquellos que no conocemos y que no *nos* conocen, a quienes desean que nos quedemos dentro de la burbuja de su creencia sobre quienes somos y sobre lo lejos que podemos llegar en la vida. Hemos de perdonar su estrechez de pensamiento y hemos de mirar más allá para ver un horizonte más vasto para nosotros. *No debe preocuparnos qué podría salir mal, sino que debemos preguntarnos qué maravillas podrían llegar a nuestra vida cuando expresamos de manera regular nuestro verdadero yo y perseguimos nuestras verdaderas pasiones.*

Obsesionémonos con la libertad, no con el miedo.

Y por eso debemos trazar una marcada línea en la arena: *no puede haber tolerancia para los aprensivos de la vida.* Todos los grandes hombres y mujeres llegan a esta firme conclusión. Por muy amable que sea el salvador, no podemos pensar demasiado en aquellos que nos infunden miedo de forma constante. Eso desmotiva y desmoraliza.

Cuando nuestros sueños cobran vida y nos alientan, debemos aventurarnos, con o sin familiares y amigos preocupados, aunque eso conlleve cierto pesar y sacrificio. Permitir que las preocupaciones de otras personas venzan nuestro impulso es sucumbir a la opresión.

LOS DÉBILES

La siguiente categoría de gente con la que debemos contar es la de las personas débiles y perezosas, que se oponen a los esfuerzos y dificultades que son necesarios para ser extraordinario.

Sería demasiado fácil decir «No prestes atención a una persona perezosa, ya que seguramente verterá miedo y apatía en su alma». Pero de todas formas es un poderoso mantra. Optar por *no* prestar atención a los débiles exige auténtico poder individual, sobre todo a aquellos que sabemos escuchar y que somos amigos comprensivos, pues queremos respetar sus opiniones y circunstancias. Debemos distinguir a aquellos que conocemos bien y permitir su cercanía; es posible escuchar con atención al tiempo que tenemos cuidado con la energía que absorbemos.

Es lógico ser cautelosos con los desconocidos; resulta fácil dejarse seducir por sibaritas y por aquellos que prometen tardes relajadas repletas de comida, bebida, cotilleos o viendo programas de telerrealidad de mal gusto. Puede engañarnos su ritmo pausado, tomando su falta de ambición por serenidad. Pero esta clase de personas puede ser más apática que tranquila. Debemos tener cuidado con ellos, pues pueden hacernos temer aquello que promueve nuestra vida: el *esfuerzo*.

«Tómatelo con calma», dicen. «¿Para qué trabajar tan duro? De todas formas nada de lo que hagas va a perdurar o a significar algo o a cambiar las cosas.»

Es como si durante nuestro ambicioso viaje esta gente nos saludara con una sonrisa desde la barrera, pero susurrara a los demás que nuestras fatigas son una pérdida de tiempo. Actúan como vigilantes, previniéndonos con gran regocijo contra esfuerzos futuros.

Pero cuanto más nos acercamos a estos ociosos junto a los que pasamos, más los oímos bromear en voz baja a nuestra costa, menospreciando nuestros esfuerzos, criticando a nuestros colegas en la lucha. Cuidado con el escandaloso tonto del pueblo que disfruta lanzando pullas desde lejos, burlándose de las personas luchadoras que pasan y abrigando la esperanza de infundir el miedo de no ser dignos.

¿Quiénes son estos ociosos? Son adoradores de la comodidad, que raras veces sienten la satisfacción de una dura jornada de trabajo. Son almas sin un propósito que no siguen ningún camino real, sin objetivos, sin ningún gran deseo que exija lo mejor de ellos. Puede que nunca hayan reunido el valor para abandonar la autocomplacencia. Son cínicos superficiales que han aportado escaso valor real al mundo. Son escapistas, aquellos que se alejan en cuanto huelen un desafío. Desprecian la presencia de aquellos que son más valientes que ellos. Son pesimistas que creen que el sino de la humanidad no es levantarse, sino hundirse. Son esos pocos resignados y deprimidos que hace mucho tiempo que renunciaron a su autoridad para poder ser absueltos de la responsabilidad de vivir una vida extraordinaria.

No debemos tomar por amigos a estos remisos. Estas personas no nos inspirarán más que debilidad y sus invitaciones a una vida cómoda son señuelos hacia una vida de indolencia. Su comodidad no es lo que buscamos. ¿De qué sirve una vida sin lucha? ¿Qué se puede aprender? ¿Cómo podemos crecer? ¿Qué control puede haber sin verdadero esfuerzo, sin verdadero sudor, sin verdadera fatiga, sin verdadera energía?

Sí, deberíamos recibir con precaución al apático y al falto de ambición, a aquellos demasiado débiles para luchar, para intentarlo o para resistir. Han renunciado a su libertad. Carecen de la resolución para perseguir su yo más elevado o cualquier propósito importante. Y por eso no son un ejemplo para nosotros.

Qué gran ironía que los humanos suelan seguir a los más débiles: los cínicos y los provocadores. Pero tampoco debemos dedicar nuestro tiempo a estos tontos débiles. Debemos entender que el escalón más bajo de la humanidad está poblado por los críticos de sillón, los consejeros apáticos que, desde su posición de seguridad, creen que cada capricho que cruza por sus pequeñas mentes y cada uno de sus estúpidos argumentos tienen que llevar el mismo peso que la duramente ganada sabiduría de aquellos que están en la lucha, cuyas mentes se agudizaron gracias a las experiencias del mundo real y cuyas leyendas se forjaron mediante hechos. Debemos recordar que la mayoría de los tiranos cínicos y moralistas que pretenden oprimir a la gente pequeña y frustrada se libran del peso de su propia apatía y fracaso tachándonos de luchadores narcisistas y farsantes indignos. Intentan menospreciarnos para dejar de sentirse tan pequeños. Son aquellos que se esconden detrás de un ordenador o de un puesto de poder y nos imponen su ignorante opinión para sentirse mejor consigo mismos. Si se les pregunta acerca de su propia contribución, suelen guardar silencio o prorrumpen en diatribas incoherentes y sin sentido. Tienen un destino triste, en el que su única sensación de triunfo es señalar nuestros fracasos; para elevarse ellos mismos deben hacernos de menos a nosotros. Sus pullas son patéticas demostraciones de que nada es más fácil para las mentes pequeñas que menospreciar a las extraordinarias. Para aquellos que viven en la ignorancia, cualquiera de fuera de la ciudad es sospechoso.

Cuidado con aquellos demasiado apáticos como para luchar por las cosas importantes, ya que básicamente infunden indiferencia, apartando a muchas personas independientes de su camino hacia la grandeza. Y por eso nosotros seguiremos por nuestro camino. Elegiremos la vida ardua, enorgulleciéndonos y buscando el honor en nuestro esfuerzo y nuestras contribuciones. No temeremos el agotamiento ni las preocupaciones que los grandes sueños y el trabajo duro e incesante pueden deparar. Conservaremos un corazón contento incluso mientras nos esforzamos, pues nuestro trabajo duro nos lleva a aquello que nos parece significativo. Ignoremos con humildad a los observadores y a los que carecen de objetivos, a los aburridos y a los que no dejan de quejarse. No tienen nada que ofrecer salvo distracciones y comentarios inútiles.

Hagamos nuestra una causa mayor que el confort, una vocación mayor que la mediocridad. Tenemos deberes que concluir, iniciativas que comenzar, batallas que librar, victorias reales que celebrar. Y por eso avanzamos con fuerza y pasión.

LOS MALVADOS

Igual que contamos con los débiles de carácter, contemos también con que entretejidos en el tapiz de la bondad humana hay también individuos mezquinos, ávidos de poder y falsos. No podemos esquivar a la gente cruel que vamos a encontrarnos en la vida: cuantos más nos atacan, más nos aventuramos, más buscamos liderar, más nos expresamos nosotros mismos y todo nuestro potencial y más motivados estamos para cambiar el mundo. Cuanto más nos levantamos, más aparecen.

No se trata de ninguna paranoia. El hecho de que haya gente mala en el mundo no es algo que temer; es tan solo algo que reconocer y para lo que debemos prepararnos. Los empresarios no deberían sorprenderse de que la competencia se empeñe en destruirlos. No debería reflejarse el más mínimo atisbo de sorpresa en la cara de una nueva ejecutiva cuando se encuentra oposición en su primera reunión solo porque es una mujer. Cuando un desconocido miente para perjudicar nuestra reputación, deberíamos saber que eso es algo común y que nos está sucediendo porque estamos intentando hacer cosas importantes en el mundo. Si somos conscientes de la existencia de personas maleducadas, ignorantes y crueles, podemos controlar nuestra reacción cuando emergen de la oscuridad e intentan robarnos nuestra luz.

Una sociedad tan afectada por la *comodidad* y la *conformidad* siempre se acobarda ante la llegada de aquellos que buscan valientemente la libertad personal. A medida que expresamos nuestro verdadero yo y avanzamos hacia nuestros sueños, encontraremos una inmensa e infinita oposición. Puede que aquellos que juegan al todo o nada —que creen que no pueden triunfar si lo hacemos nosotros— lancen piedras y flechas de envidia. O puede que busquen, con palabras suaves y engañosas, llevarnos de vuelta al redil. Puede que quienes tenemos al lado nos apuñalen con dudas acerca de nuestra preparación o nos adviertan que el mundo es un lugar demasiado hostil. Y puede que aquellos que tenemos ante nosotros, temerosos de perder su lugar, lancen falsas acusaciones y levanten muros para contenernos. Debemos prepararnos y desconfiar del efecto que dichos tiranos pueden tener de hacernos sentir asustados en la vida. Debemos estar especialmente alerta en nuestras reacciones ante la gente despectiva y mezquina que lucha por tener poder manifiesto y opresivo sobre los demás; el bruto que se impone utilizando su presencia física para intimidar; el embustero codicioso en el trabajo que se propone destruirnos; el amante abusivo, el cruel cotilla del barrio, los abusones condescendientes y los estafadores zalameros. Aunque no debemos dejar que esos pocos empañen la buena voluntad de la mayoría, tenemos la sensatez de no negar su existencia.

Este tipo de tiranos extremos tiene un vasto terreno de ego que defender. Pueden ser personas narcisistas, paranoicas y furiosas. Tienen en común que viven una constante búsqueda de aquellos que persiguen su nivel de éxito. Quieren destrozarlos. Su objetivo es oprimir nuestra voluntad y energía para que ellos puedan sentirse mejor consigo mismos. De manera consciente o inconsciente, ven nuestro progreso como una amenaza a su poder o una señal de su debilidad. Y por eso, si pueden minimizarnos, pueden minimizar su falta de importancia.

A menudo vemos a esta clase de tiranos al frente de países en apuros, protegiendo intereses con mano temerosa, esclavizando a gente y condenando al ostracismo a disidentes. Los vemos en los pasillos del éxito comercial, tratando con prepotencia a sus subordinados, esgrimiendo duras críticas o rumores, negando el progreso de los méritos. Muchas veces son miembros de la familia, que maltratan a quienes dependen de ellos. Todas sus burlas, amenazas y violencia sirven para hacer que temamos por nuestra seguridad o prosperidad, de forma que acatemos sus órdenes.

De todas las maneras de hacernos daño, menospreciar nuestra valía es el arma más cruel del tirano. Nos dicen «Eres indigno, estúpido, incompetente, inútil». Sus duras palabras y sus actos pretenden encasillarnos en su concepto de quiénes somos y dónde nos corresponde estar. Esto tiene como consecuencia que empezamos a temer que no somos lo bastante buenos o que no podemos ganar, y trágica y rápidamente eso puede convertirse en una profecía que se cumple de manera inevitable.

No debería sorprendernos que otros desprecien nuestras iniciativas o se opongan a ellas. Ni deberíamos reprimir nuestra voluntad y dejar que ellos ganen. No debemos dejar que los malvados aviven nuestras dudas hasta convertirlas en poderosas llamas de miedo que consumen nuestros sueños.

No les debemos nada a estos tiranos.

Una persona realmente tirana no puede ver más allá de su egoísmo y por eso ninguna relación con ellos será jamás feliz ni recíproca. Les ciega el ego y viven en un mundo solo por y para ellos. No te arrastres ante esta gente. No intentes aplacarlos. No esperes que cambien. No te relaciones ni pierdas el tiempo con ellos. No dejes que te provoquen ira. *Jamás te rebajes a su nivel.* Nunca debemos tolerar los intentos de un tirano por frenarnos. No debemos consentir que gobiernen nuestro potencial. Cada demostración de sumisión, deferencia, docilidad y transigencia que ven en los desesperados o débiles entre nosotros les proporciona un perverso placer y su poder crece. Y cada vez que nos echamos atrás por ellos o nos menospreciamos a nosotros mismos, nos volvemos más miedosos y débiles.

Así que seamos diligentes a la hora de evitar a estas personas, sin desviarnos nunca de nuestro propio camino. No debemos desearles ningún mal; no vale la pena la energía invertida, y la gente malvada recibirá su merecido al destruirse a sí misma. Nuestro triunfo no radica en su destrucción, sino en nuestro progreso, no en la expresión atónita de sus caras cuando los pasamos de largo, sino en la felicidad en nuestros corazones por haber vencido a pesar de ellos.

La proyección mental del miedo

Aunque es posible que muchas personas de nuestra vida intenten fomentar nuestras dudas y temores, la gran mayoría tratará de apoyarnos. Más serán las que traten de levantarnos el ánimo que de hundirnos. La gente sabe que al permitirnos perseguir nuestros sueños sin trabas, en silencio se están dando permiso a sí mismos para perseguir los suyos. Da igual cuántos pesados y capullos nos encontremos a lo largo de la vida, debemos recordar que tenemos amigos por todas partes y no debemos vacilar en pedir su ayuda, su inspiración y su sabiduría.

La dura verdad de la vida es que pese a que es la sociedad la que casi siempre induce y condiciona nuestro miedo, comúnmente es el resultado de la negligencia de nuestras propias mentes. *Abusamos* de nuestras facultades mentales al *no hacer* uso de ellas. Tenemos los medios para extinguir nuestros miedos, pero carecemos de la disciplina necesaria para utilizarlos; es como tener el extintor en nuestras manos cuando nuestra casa arde pero decidir no usarlo porque tendríamos que apuntar. ¿Con qué frecuencia sentimos preocupación pero, en vez de combatirla con el pensamiento consciente, dejamos que arda? ¿Con qué frecuencia nos obsesionamos tanto con cosas negativas que se convierten en un gran y ardiente fuego de ansiedad? Para muchas personas, esto ha pasado inadvertido tan a menudo y durante tanto tiempo que ya no son conscientes del hecho de que las *pautas de pensamiento predecibles* —que pueden prever, controlar y transformar— están provocando que sean miedosos. Solo sienten miedo a todas horas y piensan que no hay nada que puedan hacer al respecto, como una niña triste que sujeta un globo roto que ella misma ha explotado.

Aprendamos ahora, de una vez por todas, a prever cómo nuestras mentes cultivan el miedo. Del mismo modo que podemos contar con que los aprensivos, los débiles y los malvados nos harán descarrilar si no somos cautos, podemos prepararnos para que nuestra mente nos aparte de la felicidad y del progreso.

La mayor parte del miedo que sentimos en la vida no es más que ansiedad que surge de prever dos tipos de sufrimiento que el cambio puede generar: el dolor asociado a la *pérdida* y a la *adversidad*.

El primer tipo, el dolor de la pérdida, es una pauta de pensamiento en la que nos preocupa perder algo que apreciamos si tomamos alguna medida concreta. Si tememos cambiar de empleo, es porque no queremos perder nuestra compensación, nuestras amistades con ciertos compañeros de trabajo, nuestro despacho. Esta pauta de pensamiento desempeña un papel en millones de decisiones delicadas a lo largo de la vida de la gente. Pensamos «Si hago una nueva dieta, temo perder la felicidad que siento al comer mis platos favoritos». «Si dejo de fumar, temo perder esos veinte minutos de paz que me proporciona el salir fuera a dar unas buenas caladas, así que me da miedo dejarlo.» «Si dejo a ese gilipollas, temo perder el amor en mi vida y no encontrar nunca más a nadie con quien estar.»

La única forma de combatir esta pauta de pensamiento es analizarla a fondo e *invertirla* después. Una vez percibimos que nos estamos anticipando a la pérdida, debemos cuestionar si es o no cierto. Cuantas más evidencias busquemos de nuestros temores, más nos daremos cuenta de que a menudo son suposiciones precipitadas y erróneas de una mente cansada o sin un rumbo.

La persona pequeña y mal condicionada puede imaginar que las cosas irán mal en tanto que una persona inteligente y consciente de sí misma puede llegar a una conclusión lógica basada en evidencias reales o en principios razonados. La persona que examina su miedo a hacer dieta, a dejar un hábito perjudicial o una mala relación se da cuenta de que siempre hay menos que perder que ganar al tomar decisiones positivas para sí misma.

Este replanteamiento requiere inteligencia y optimismo. En cuanto cuestionamos los supuestos que nos generan ansiedad, debemos explorar lo contrario a nuestras preocupaciones, centrándonos tanto como nos sea posible en lo que podríamos *ganar* si cambiamos. ¿Y si comenzamos una dieta nueva y descubrimos comidas y recetas nuevas que nos encantan? ¿Y si dejamos de fumar y aprendemos nuevas prácticas que nos proporcionan una relajación aún mayor? ¿Y si en una nueva relación romántica encontramos por fin la felicidad? Sin duda deberíamos visualizar estos desenlaces tanto como visualizamos las oscuras imágenes de pérdida. Soñar y concentrarnos en lo positivo es mucho más provechoso que las extensas pesadillas de la negatividad.

La segunda pauta de pensamiento que nos hace temer el cambio está relacionada con la expectativa de la adversidad. Nos da miedo hacer algo porque pensamos que será demasiado duro para nosotros. Nos preocupa no ser capaces, no ser dignos o no estar preparados, y dejamos que esas inquietudes nos frenen. Pero ¿no es esa una utilización patética de los poderes mentales? *¿No es verdad que con tiempo, esfuerzo y dedicación suficientes podemos aprender casi todo lo que necesitamos para triunfar?* ¿No es verdad que la mayoría de los grandes logros los alcanzó gente que al principio no tenía *ni idea de lo que estaba haciendo*, que primero tuvo que sobrevivir a años de lucha para cumplir su sueño de forma satisfactoria?

No olvidemos que no siempre supimos montar en bicicleta o usar un ordenador o hacer el amor, pero conseguimos hacerlo. Los seres humanos no sabíamos cómo aterrizar en la luna, pero decidimos que merecía la pena el empeño y por eso luchamos durante una década para averiguarlo. Fuimos capaces de lo imposible. Por consiguiente, esta es la historia del individuo y de todas las especies.

Y, sin embargo, mirad lo pequeña que en muchísimos casos dejamos que sea nuestra mente. Pensamos «Me da miedo ponerme a dieta porque no sé si puedo arreglármelas para aprender todas esas nuevas recetas lo bastante rápido o aguantar un entrenamiento de treinta minutos». «Me da miedo dejar de fumar porque no sabré qué hacer con las manos si no sujeto un cigarrillo.» «Me pone histérico dejar mi mala relación porque buscar alguien nuevo por internet parece un jaleo.» Somos algo más que estos insignificantes pensamientos. En un momento dado, la madurez nos sobrevendrá y preguntaremos: *«¿Es que no somos más que nuestras nimias preocupaciones acerca de la inconveniencia de algo? ¿Es que una vida mejor no merece un poco de esfuerzo?».*

La única forma de interrumpir estas pautas de pensamiento es cuestionarlas e invertirlas. Si nos tomamos un solo momento para reflexionar podemos darnos cuenta de que hemos aprendido y soportado más cosas difíciles en el pasado y que podemos aprender y soportar lo que haga falta ahora. *Las herramientas para sobrellevar las adversidades de la vida las tenemos en nuestro interior.* Quizá podamos imaginarnos disfrutando de verdad del esfuerzo en lugar de temerlo. Podemos pensar «Estoy deseando aprender a cocinar nuevos platos. Estoy deseando conseguirlo junto con mis amigos». «Me emociona dejar de fumar porque puedo imaginarme subiendo las escaleras sin cansarme y teniendo una larga vida libre de adicciones.» «Me emociona buscar a alguien que sea más adecuado para mí que mi última relación, encontrar el amor verdadero, disfrutar de la vida con mi alma gemela.» Avivemos nuestro entusiasmo al saber que el viaje de aprendizaje hacia la libertad puede ser excitante. Debemos confiar en esto: *podemos aprender, podemos crecer y debemos comenzar ahora porque el destino favorece a los osados.*

Para algunos, esto parece un simple pensamiento positivo. ¿Y qué si es así? ¿Vamos a seguir pensando de manera negativa? ¿Qué bien haría que nos centráramos en la pérdida y en la adversidad que tal vez experimentemos en la vida? Dejar que el miedo reine debido a nuestra propia pereza mental demuestra muy poco conocimiento de nosotros mismos. Tenemos el poder de manejar nuestros pensamientos de modo más enérgico en la lucha diaria contra nuestros miedos. Nuestros pensamientos nos liberarán o nos destruirán. La madurez llega cuando comprendemos que es solo decisión nuestra avanzar hacia la libertad.

Enfrentarse al miedo físico

Parece imposible que todos nuestros miedos se puedan vencer solo con la actitud. Pero puede hacerse. Algunos preguntan: «¿Qué pasa con esos impulsos físicos reales que parecen tan incontrolables? ¿Podemos dominarlos también?».

¿Cómo consigue el domador de leones entrar en la guarida del orgullo sin temor? ¿Cómo consigue el orador público plantarse delante de miles de personas sin que le afecte la desconfianza en sí mismo? ¿Cómo consigue el ejecutivo tomar la decisión que todo su equipo tanto teme tomar?

Práctica. Hubo un tiempo en que el domador de leones tuvo miedo, pero entró en la guarida y al final perdió el miedo. El orador público se subió al escenario y con el tiempo se encontró cómodo. El ejecutivo tomó una decisión tras otra, hasta que incluso las grandes decisiones le resultaron fáciles. Podemos aprender de estos ejemplos y optar por enfrentarnos a lo que tememos. *Podemos elegir el coraje para acercarnos a las cosas que tememos una y otra vez, hasta que nos sintamos más cómodos y seguros.*

Despertemos de nuevo a una vida sin ataduras, encontrando la inspiración en el hecho de que los seres humanos han aprendido a superar sus miedos a lo largo de miles de años. Cambiaron su manera de reaccionar al temor. Inspiraron hondo, pensaron si sus miedos eran o no racionales y visualizaron el crecimiento que experimentarían al avanzar. Dieron esos pasos una y otra vez, hasta que descubrieron que su miedo ya no era tan poderoso ni estaba tan presente. Elijamos dominar nuestra mente y demostrar más control sobre nuestros miedos.

Como adultos maduros y valientes, podemos negarnos a hundirnos por esas cosas que podrían provocar ansiedad o adversidad. Podemos tratar de alcanzar lo que siempre ha palpitado en un segundo plano, ese impulso igualmente poderoso, esa voluntad firme y sólida hacia la libertad personal. Repitamos una y otra vez: «No dejaré que los demás aviven el miedo en mi corazón. Elijo permanecer fiel a quien soy y a donde me llevan mis sueños, sin importar las adversidades que pueda suponerme. Tengámoslo siempre presente: gana el miedo o gana la libertad, y yo elijo la libertad».

3

Sobre la motivación

Si quieres construir un barco no
empieces por buscar madera, cortar tablas
o distribuir el trabajo. Evoca primero en
los hombres y mujeres el anhelo del mar
libre y ancho.

<small>Antoine de Saint-Exupéry</small>

Las motivaciones imperantes de la humanidad tienen que ver con la libertad o el miedo, no hay otros caminos en nuestra psicología. Una exige compromiso con nuestro verdadero yo y nuestras verdaderas ambiciones y conduce de manera inevitable a la independencia, al crecimiento, a la felicidad y a la trascendencia. La otra hace que esquivemos los desafíos, evitando la lucha todo lo posible, a pesar de que la lucha suele ser requisito indispensable para el crecimiento. Este camino lleva a la debilidad, la conformidad y, con mucha frecuencia, al arrepentimiento. Mediante la persecución de la libertad personal descubrimos nuestro destino; mediante el miedo miramos de reojo a nuestra muerte.

Nuestras razones para acceder a estos motivos suelen denominarse *motivaciones*. Podemos sentirnos motivados a avanzar o a detenernos, a crecer o a retroceder, a conformarnos o a perseguir la grandeza. Los actos que llevemos a cabo en la vida suelen basarse en si la lógica y los impulsos internos nos conducen hacia el miedo o hacia la libertad. Si carecemos de poderosas razones para pasar a la acción o si nuestros impulsos los guía el temor o el instinto protector, tendemos a quedarnos quietos. Pero si tenemos una potente lista de razones para avanzar y hemos condicionado nuestros impulsos para abogar por la libertad, es más probable que avancemos de forma satisfactoria en nuestra vida.

Con la libertad en juego, cabría esperar que la mayoría comprendiéramos el funcionamiento de la motivación en nuestra vida. Pero muchos siguen en la ignorancia, reaccionando a cada día de vida sin causa ni autoridad. Por lo tanto, no son libres; son esclavos de los impulsos. Y por eso hay tanta gente atrapada en la falta de objetivos, la apatía y el miedo. La motivación sigue siendo un misterio para las masas.

Sin embargo, la primera virtud de las personas admirables es un notable nivel de *motivación constante*. El éxito y la satisfacción en la vida radican en la incansable capacidad para levantarnos, para ser nosotros mismos, para perseguir nuestros sueños con pasión cada día, para seguir tratando de alcanzar el siguiente nivel de presencia, desempeño y potencial. En términos generales, los sistemas de valores humanos se basan por completo en la motivación. *Ninguno* de los grandes valores humanos que nos mantienen a la sociedad y a nosotros mismos bajo control —bondad, amor, honestidad, justicia, unidad, tolerancia, respeto y responsabilidad— florecería si no estuviéramos *motivados* para darles vida. Y por eso, si no logramos dominar nuestra motivación a nivel individual, no podemos ser felices; si no logramos conservar nuestros motivos para ser buenos a nivel social, todo se perdería.

¿Qué altas cotas podríamos alcanzar si activáramos de verdad nuestra motivación humana? Imagina cómo cambiaría el mundo, casi de manera inmediata, si sus ciudadanos pudieran activar su motivación siempre que lo desearan y durante todo el tiempo que quisieran. ¿Más gente sería libre y feliz? ¿Tendríamos la fortaleza para poner fin a la pobreza? ¿Construiríamos más colegios? ¿Podríamos terminar con el hambre, eliminar la enfermedad, liberar a aquellos encarcelados de forma injusta, detener el calentamiento global y alcanzar un notable progreso en cada rincón del planeta? ¿Verían sus sueños cumplidos más millones de personas?

Qué diferente podría ser nuestra sociedad si la motivación verdadera estuviera muy arraigada, si esa apatía y falta de propósito se alejaran y nuestra gente estuviera impulsada por una mente consciente y un corazón firmemente comprometido. Imagina cuánto prosperaría el mundo. Imagina cuánta libertad.

Esta es una posibilidad factible porque es muy fácil descubrir la motivación y actuar en consecuencia. Por eso, iniciemos ese camino desmitificando *por qué* hacemos lo que hacemos.

La madre de la motivación

Nuestro primer paso es comprender la raíz de la motivación, el *motivo*, que significa *una razón para la acción*. Es el «por qué» hacemos algo. Para desarrollar un motivo para la acción, nuestra mente, con o sin orientación consciente, filtra diversos pensamientos, sentimientos y experiencias y *elige* entre ellos un conjunto de razones para hacer o no hacer algo. Nuestra lucidez mental y nuestro compromiso con respecto a esa elección dictan nuestro nivel de motivación. Si tenemos lucidez y compromiso, tendremos altos niveles de motivación. Si carecemos de lucidez y compromiso, la motivación será baja. De este proceso surge un sencillo axioma:

La madre de la motivación es la elección.

Nuestra mente *elige* una razón para la acción, y o bien se compromete con esa elección o bien no, y por eso experimentamos un nivel de motivación alto o uno bajo. En esta verdad hallamos nuestro mayor poder individual: la capacidad de vencer nuestros impulsos y encauzar nuestra mente hacia elecciones y compromisos que nos ayuden.

Simplemente podemos elegir nuestro fin y nuestras razones para ese fin, y una concentración continua en ese fin despertará nuestro deseo de actuar, que percibimos como energía; un poder motivador interno.

Un distintivo de aquellos que alcanzan la grandeza
es el descubrimiento de que pueden controlar
el nivel de motivación que sienten mediante una mejor
orientación de su mente.

Eso mismo se aplica también a otro logro emocional. El conocimiento llega cuando nos damos cuenta de que la felicidad es una elección, la tristeza es una elección, la furia es una elección, el amor es una elección. Nuestra mente puede generar a voluntad cada estado, emoción y ánimo disponibles del hombre. Este descubrimiento es uno de los indicadores más claros del camino de la adolescencia a la edad adulta, de la inmadurez a la madurez, del terror en la vida a la trascendencia.

Esto no quiere decir que *toda* la gente pueda elegir sus pensamientos y emociones ni que vaya a hacerlo. Un pequeño porcentaje de la población carece de las facultades de una mente sana; la depresión clínica y los trastornos mentales pueden impedir que la gente encauce sus propios pensamientos y sentimientos de forma consciente. La terapia y la medicación pueden ayudar en tales casos y se ha de recurrir a ellas. No debemos subestimar los retos a los que se enfrentan aquellos que sufren trastornos y problemas biológicos reales que impiden su progreso en la vida.

Aunque la mayor parte de la población no padece dichos trastornos clínicos, puede mostrar una falta de conocimiento de sí misma, así como hábitos mentales mediocres. «Lo que sucede es que la mayoría de la gente no ha elegido aún valorar el autodominio o los esfuerzos dirigidos a alcanzarlo.» No necesitan medicamentos; necesitan ganas y disciplina. No necesitan una receta; necesitan una nueva filosofía de vida. Aun en los casos en que una persona necesita medicación y terapia a largo plazo, su tratamiento siempre incluirá de forma adicional trabajo para ayudarlos a elegir ideas y conductas que respalden mejor su bienestar. Incluso padeciendo una enfermedad mental o una lesión cerebral traumática, la recuperación siempre pasa por alcanzar un mejor entendimiento y control de nuestra propia mente. Si nos volvemos unos cínicos y decidimos que nos resulta demasiado difícil controlar nuestra mente, estamos abocados a ir a la deriva en un mar de impulsos y pautas sociales, a una vida que se rige por la reacción y la distracción en lugar de a una diseñada por nosotros.

La gran evolución de la filosofía, la psicología y la neurociencia tienen en común el tema de liberar el potencial humano haciendo uso de la *razón* y del poder absoluto de la mente. La razón es el secreto para desarrollar una identidad motivada e independiente. *Creo, por tanto existo y obro.* La gente motivada aprovecha esa verdad. Los grandes artistas, líderes e innovadores utilizan toda la fuerza de facultades de razonamiento para convertirse en su mejor yo y hacer el mayor bien. Expresan quiénes son en realidad y persiguen metas que les parecen importantes. Contemplan de manera estratégica su rumbo y sus valores; sopesan qué les proporcionará una sensación de vitalidad y satisfacción mayor en cada decisión importante. De la abundante variedad de la vida eligen solo los platos que se adaptan a su naturaleza y su intención de ser libres y de ayudar. Son decididos a la hora de sacar a relucir sus mayores cualidades y de luchar para someter sus más bajos impulsos. A los ojos de las masas salvajes parecen ser los afortunados, los elegidos. En realidad ellos decidieron *elegir.*

La gente que está motivada no tiene suerte, son *meticulosos.* Eligen utilizar su mente de un modo más cargado de sentido a fin de impulsar y levantar sus vidas. Y para eso tienden a conseguir más y a obtener más respeto. La mujer reflexiva, que está a cargo de su propia mente y emociones, tiene un poder extraordinario y se granjea mucha estima. Pero el hombre que no manda en su propia mente está perdido en un torbellino de pensamientos e impulsos impredecibles y a menudo no deseados. Se le considera inmaduro y poco digno de confianza, y cuando el miedo llena el vacío de su subconsciente, se ahoga de forma inevitable en la desconfianza de sí mismo o sufre desprecio social.

Cuando comprendemos que pensamientos y emociones se pueden elegir, por fin nos damos cuenta de que erramos al decir «*No me siento feliz*» o «*Me siento triste y no puedo hacer nada al respecto*». Dado que tenemos cierta capacidad de elección en cómo nos sentimos en un momento dado, las afirmaciones más certeras serían:

«Ahora mismo no estoy usando mi mente para generar una sensación de felicidad» o *«He estado optando por centrarme en cosas tristes durante un tiempo y eso ha generado esta sensación de tristeza»* o *«Estoy dejando que mis impulsos involuntarios me dirijan ahora en vez de usar mi conocimiento para tener sentimientos positivos y crear mi realidad ideal».*

Uno no se «siente motivado» de repente del mismo modo que uno no se siente feliz de pronto sin razón. La felicidad es el resultado del pensamiento, no del impulso. Está en el razonamiento de nuestra mente que lo que estamos experimentando en el momento —o en la vida en general— es placentero, positivo y valorado. Una persistente sensación de felicidad es un subidón intelectual prolongado, fruto del recuerdo y de la elección positivos, no de un placer físico temporal.

Y por eso los adultos maduros comprenden que la motivación no es un accidente, *no tanto un sentimiento* como un compromiso consciente con un motivo, una elección hacia algo, *una firme razón para actuar.* Es una energía que resulta del pensamiento. Nos sentimos motivados porque así lo decidimos, no porque dé la casualidad que el sol brille en nuestro lado de la calle.

> Si deseamos más motivación en nuestra vida,
> debemos tomar decisiones firmes y comprometernos
> por completo con ellas.

¿Es posible que sea así de sencillo? ¿Lo único que hacemos es tomar decisiones firmes y comprometernos a fondo para llevarlas a cabo y nos sentimos motivados? Sí, hasta cierto punto. Pero el dominio surge al comprender los matices de este esfuerzo. Hay un proceso que podemos seguir para activar y amplificar la motivación de manera más consciente. Obtener el control de este proceso nos proporciona la capacidad intelectual y emocional de reunir toda la motivación que deseemos, durante tanto tiempo y en el momento que escojamos.

Estimular la motivación

A nivel psicológico, la motivación la estimula la energía que crea la *ambición* y la *expectación*. La ambición es la *decisión* de ser, de tener y de hacer o experimentar algo más *grande* en nuestra vida. Nuestra motivación, en cuanto queremos algo más grande para nosotros, se desencadena. ¿Queremos un trabajo mejor? ¿Un hogar mejor? ¿Un matrimonio mejor? ¿Un cuerpo mejor? ¿Una vida mejor? Dichos deseos nos dan energía; cuanto mayor es el deseo, mayor es la sensación de motivación inicial que sentimos.

Así que debemos ahondar y preguntar: ¿qué quiero para mí? ¿Qué nuevo objetivo sería importante para mí? ¿Qué me emociona tanto de aprender o de dar? ¿Con qué nueva aventura sueño? ¿Qué gran búsqueda o acto de servicio hará que me sienta satisfecho y me levante de la cama cada mañana? Esas preguntas son el secreto para avivar la ambición y, por tanto, la motivación.

Es sencillo:

> Al estudiar en profundidad objetivos mayores,
> nos cargamos de energía para perseguirlos.

Hay más. Muchas personas quieren algo mejor para sí mismas —su ambición está vivita y coleando—, pero aún no se sienten motivadas. ¿Por qué? Porque a pesar de la esperanza de alcanzar algo más, no *creen que pueda suceder* ni que *sean* capaces de hacer que suceda. Carecen de *expectación*; la decisión de creer que sus sueños son posibles y que pueden alcanzarlos. Imaginad al aspirante a actor que nunca acude a ninguna audición; *quiere* ser actor, pero no cree en su capacidad para lograrlo. Pensad en el aspirante empresario que quiere emprender un negocio, pero que no deja su empleo porque no cree que pueda conseguirlo él solo. Esas personas aprenden una cruda verdad de la vida: el deseo sin creer en uno mismo es básicamente desalentador.

A menudo, cuando falta la motivación, en realidad no *contamos* con alcanzar nuestro objetivo. Y si no creemos en ello, sabemos que no podemos lograrlos, así que ni siquiera lo intentamos.

De este modo, *la expectación es el gran factor diferenciador entre la mera esperanza y la motivación*. Cuando nos hallamos esperanzados pero no motivados, tenemos que añadir un poco más de fe a la mezcla y decirnos «Espero que ocurra pase lo que pase porque tengo fe en mí mismo para aprender, crecer y, día a día, hacer que las cosas pasen. Haré realidad mis sueños con el tiempo porque confío en mi capacidad para aprender, para trabajar, para pedir ayuda y perseverar». Con estas expectativas, nuestra mente empieza a formar creencias y conductas para hacer realidad nuestras ambiciones.

Centremos pues nuestra mente en ver cumplirse nuestros sueños y en vernos haciendo que eso suceda. Sentémonos esta noche y pensemos qué es lo que más felicidad y satisfacción aportaría a nuestra vida. Reflexionemos y soñemos con eso. Imaginémonos haciendo grandes cosas con valentía, pasión y compromiso. Esto se denomina visualización e internalización; es el proceso de ir integrando expectativas en el fondo de nuestra psique y en el tejido de nuestro ser. Es el proceso de estimular nuestra propia motivación.

Pensad en el hombre que quiere competir en un triatlón. Sabe que para triunfar no puede decirse «Espero que algún día consiga estar en tan buena forma que tal vez haga un triatlón». En su lugar, aclara por qué tiene esa ambición y se dice a sí mismo que correrá lo mejor que pueda y triunfará; se visualiza en el agua, sobre la bicicleta, corriendo y cruzando la línea de meta. Reúne su motivación y toma la decisión de ponerse en marcha, de entrenar, de triunfar... porque cree que *debe* y cree que *puede*.

Por eso, a aquellos que dicen «Ojalá estuviera más motivado», nosotros les respondemos: «No pidas motivación; elige la ambición de motivarte. Fíjate un sueño y cree que este verá la luz del día y que pronto una gran ola de entusiasmo te alentará».

Mantener la motivación

La ambición y la expectación no son más que el comienzo del proceso. Son la *chispa* de la motivación. Por desgracia, mucha gente jamás aviva las llamas de la motivación manteniéndose centrada en sus sueños. De vez en cuando, el triatleta debe hacer algo más que creer en su sueño. Debe continuar tomando decisiones que *mantengan* el deseo. Debe programar sus rutinas. Debe buscar un entrenador. Debe correr, sudar y luchar para crecer. Y debe hacerlo una y otra vez.

Las decisiones que mantienen la motivación son, por tanto, la *atención* y el *esfuerzo*.

La motivación parece voluble solo a aquellos que se han distraído de sus ambiciones. Una mente sin rumbo no tiene más empuje que los impulsos humanos básicos, entre los que *no* se encuentra mantener la motivación. Debemos centrarnos de nuevo. Prestar a nuestras ambiciones una atención mental permanente mantiene vivo el deseo y hace que nuestras energías se muevan de antemano. Esto puede ser tan fácil como revisar nuestros objetivos cada día, reflexionar sobre nuestros deseos cada noche y dedicar de forma regular algo de tiempo a visualizar lo que queremos y a programar nuestros siguientes pasos.

Aquí es donde falla muchísima gente. Las distracciones diarias nos roban nuestra concentración mental y, por tanto, nuestra motivación. La verdadera perdición para muchas personas no es que sean gente «sin motivación», sino que simplemente están *distraídos*, demasiado despistados como para mantener la motivación. Podría ser que el mundo no nos esté dando lo que queremos solo porque nuestra falta de concentración no deja claro qué es lo que estamos pidiendo.

> No debemos dejar que nuestros sueños se marchiten a la luz del día porque perdemos la concentración mientras respondemos a los débiles intereses o las falsas emergencias del mundo.

No debemos perder de vista nuestros objetivos mientras realizamos mundanas tareas cotidianas ni esperar el «momento adecuado» para empezar lo que de verdad queremos hacer. Cuando dejamos que nuestra atención se aparte de nuestros sueños y se vuelque en el vasto mar del desconocimiento, nuestra motivación se va con ella.

Mantengamos la mente centrada en nuestros motivos. Fijemos la vista en nuestra gran visión, con coloridos sueños surcando cada día el cuadro de mandos consciente de nuestra mente. Sentémonos y meditemos sobre lo que queremos y veamos cumplirse esos deseos una y otra vez.

Puede que algunos teman estar cultivando una obsesión. Eso es lo que hacemos. Nos estamos obsesionando con un poderoso objetivo, dedicando toda nuestra atención y afán, quizá por primera vez, a algo que de verdad nos *importa*. No deberíamos temer la obsesión de construir una vida magnífica y libre. Sin esa atención constante, nuestra motivación se rebaja a tibias esperanzas, momentáneos despertares del corazón que no tienen poder de permanencia.

> Es la ecuación obvia y el secreto máximo;
> cuanta más atención y más tiempo preste a mis
> ambiciones y pasiones, más motivación siento.

Pero no podemos *pensar* en mantener la motivación; debemos abrirnos paso hacia ella con *trabajo*. Debemos poner *verdadero esfuerzo* en alcanzar nuestras ambiciones. No podemos atraer ni tener algo si no hacemos nada *para* conseguirlo. ¿Acaso no es cierto que podamos discernir con facilidad la profundidad de la motivación de una persona solo con observar la firmeza con que han estado actuando para alcanzar sus sueños? Cuanto menos se esfuerce alguien, más evidente resulta que carece de motivación. Lo irónico de eso es que si se *esforzaran* más, tendrían mayor *motivación*.

No podemos sentir energía ni compromiso constantes para realizar un viaje si nunca hemos dado el primer paso. El triatleta debe tener ambición, pero también debe empezar a *entrenar*. Debe inscribirse en la carrera, comenzar a correr más, a entrenar más duro, a ampliar su zona de confort, a *trabajar* para lograr su sueño de cruzar esa línea de meta. Su motivación se mantendrá y aumentará gracias a estos esfuerzos.

Cuando la motivación muere, no es porque nuestros sueños hayan muerto; es porque nunca hicimos ni prolongamos ningún esfuerzo real. Si no damos ningún paso adelante, no sentimos el subidón del progreso y la energía pronto desaparece y, lo que es casi predecible, abandonamos.

A menudo olvidamos que son el sudor y el trabajo duro enfocados a lograr metas importantes lo que hace que estemos vivos de verdad. Recordemos pues que nada mantiene más viva la motivación que el trabajo duro y el ímpetu y la satisfacción resultantes. Continuar con nuestros esfuerzos para conseguir nuestras ambiciones *a pesar de* la fatiga, la distracción y las dificultades *es* el sello de los que están motivados de verdad.

Nuestra vida y nuestra leyenda dependen de nuestra capacidad para seguir adelante, para seguir avivando nuestra voluntad a largo plazo. Un solo paso firme más hacia nuestros sueños despierta a menudo el deseo de dar otro. Y así la respuesta se hace obvia cuando la gente pregunta cuál es el secreto de la motivación permanente: *continuar pase lo que pase.*

Fastidia pensar que, después de todos nuestros esfuerzos para sentir mayor motivación, lo único que tenemos que hacer es prestar más atención a nuestras ambiciones. Preferimos creer que la suerte o una fuerza externa intervinieron en esas ocasiones exitosas en nuestra vida en las que estábamos entusiasmados. Queremos creernos la falacia de que estábamos más motivados debido a factores ambientales; estábamos contra la espada y la pared, nuestro padre murió, nuestra esposa nos necesitaba, se abrieron las grandes puertas de la oportunidad, Dios nos iluminó, había un bebé al que alimentar.

Pero la cruda realidad es que esas ocasiones en que estábamos motivados se dieron simplemente porque estábamos *dispuestos* y *nos esforzamos* para avanzar con más frecuencia. Había atención. Había esfuerzo. Todo ello era diario, incesante e imposible de extinguir. Y eran elecciones; *elegimos* poner un interés y un esfuerzo mayores en algo importante. Y nada más. *Elegir* nos proporcionó energía; *esa* fue nuestra salvación, no las circunstancias cambiantes o la necesidad acuciante, ni la llamada divina, ya que ¿cuántas personas han escuchado dicha llamada pero han elegido no responder? Cuando elegimos responder a las circunstancias, a la necesidad o a Dios a nuestra manera, como una persona libre y motivada, y actuando de forma real, emergemos de la oscuridad.

Seamos claros: la grandeza pertenece a aquellos que han dominado la capacidad de centrarse por completo en sus ambiciones y han actuado de forma resuelta para alcanzarlas.

Aumentar la motivación

Hemos avivado nuestra motivación y la hemos mantenido fuerte. Ahora hagámosla crecer e integrémosla con cada fibra de nuestro ser en todas las facetas de nuestra vida. Dos elecciones aumentarán nuestra motivación, llevándola a otro nivel: *actitud* y *entorno*.

La actitud importa. La gente libre y motivada es *positiva* y *entusiasta* respecto a sus objetivos y a su vida. Pero echad un vistazo a los millones de personas que se ahogan en las arenas movedizas del pesimismo, apretando los dientes con desdén ante las experiencias de su día a día. La ira, el odio y todas las manifestaciones del miedo alimentan la mente de las masas. Un abatido pesimismo pende sobre muchos. Pero ¿por qué? ¿Existe de repente una razón para sentirse muy negativo respecto a la vida? No. El tema que nos ocupa es el fracaso para *elegir* la propia actitud. La mayoría de la gente no suele *pensar* en su predisposición o en que están experimentando o aportando algo al mundo de forma enérgica. Esta falta de interés por cómo piensan, se comportan y ayudan —este *estilo insensible*— les cuesta sus sueños y su legado. Pensad en la gente que ha alcanzado grandes logros. ¿Están malhumorados y amargados? ¿Son negativos o están furiosos? No. ¿Qué persona ha alcanzado la verdadera grandeza y plenitud con una actitud mala a nivel general? Quienes tienen una actitud lamentable, raras veces mueven la aguja del mundo hacia el progreso.

La motivación nunca enciende el alma de nadie con una intensidad cegadora a menos que la persona en cuestión tenga la mente abierta y rebose entusiasmo por la vida. Una disposición abierta y positiva respecto al mundo puede suscitar interés en la gente, aportar alegría a nuestra experiencia y canalizar las mayores energías del universo. Recordemos que en cualquier circunstancia podemos elegir cómo nos mostramos, sentimos y relacionamos con el mundo. Por ello debemos convertir en un juego el enfrentarnos a las circunstancias difíciles con una sonrisa, buena voluntad, ánimo y una voz alentadora que se alce por encima de los sombríos murmullos de la multitud sin objetivos. Mantener una actitud positiva, sobre todo cuando el mundo conspira para volvernos locos, es uno de los mayores logros en la vida.

Aparte de nuestra voluntad directa, un modo de mantenernos cuerdos y positivos es rodearnos de personas cuerdas y positivas.

> Pocas cosas aumentan nuestra motivación constante
> más que un entorno social positivo.

Con quién nos relacionamos afecta a nuestra actitud y, por lo tanto, a nuestra motivación.

Por desgracia, la mayoría de la gente ha permitido que las esferas sociales a las que se limitan disminuyan su motivación. Es duro, aunque no imposible, estar muy motivado cuando se está rodeado de pesimistas e imbéciles o cuando se vive inmerso en el estrés y el caos generado por las personas melodramáticas y despistadas. Tampoco es frecuente que un individuo que se pasa el día apoltronado en sofás ajenos y yendo de fiesta con amigos ebrios acabe topándose con el secreto del éxito y de la felicidad. La mujer con un novio que la humilla, en raras ocasiones se siente motivada a ser su mejor yo, y el hombre con un empleo sin futuro y compañeros de trabajo aburridos no suele sentirse motivado a contribuir con brillantez.

De una vez por todas deberíamos distanciarnos de aquellos que tienen una mala actitud, ya que su energía es contagiosa y nefasta. Deberíamos recordar que nuestra libertad personal está en juego y por eso nuestra esfera social no debe entorpecer nuestra capacidad de expresión ni nuestra búsqueda de las cosas que son importantes.

> Por el bien de la motivación debemos estar alerta
> y rodearnos de gente auténtica y positiva
> que busque objetivos positivos con actitud positiva.

Seamos también disciplinados al dar forma a nuestro *entorno físico* para aumentar nuestras emociones. Deberíamos *amar* los espacios en los que pasamos el tiempo, y de no ser así, deberíamos hacer cambios inmediatos. Entrar en nuestro hogar debería aportarnos paz y la capacidad de rejuvenecer. Deberíamos gozar de abundante luz y de un lugar en el que no puedan molestarnos para que podamos reflexionar, pensar, hacer planes y hacer arte. Deberíamos sentirnos cómodos donde dormimos y donde pensamos. Nuestro espacio de trabajo debería inspirarnos. Y deberíamos tener preparada una lista de contactos de otras personas a las que llamar cuando necesitamos inspiración nueva. Si no es así, una vez más debemos hacer cambios inmediatos para encontrar y cultivar tales relaciones. Si carecemos de un lugar acogedor en el que vivir y trabajar o de un grupo de compañeros positivos, nuestra misión será manifestar esas cosas en nuestra vida. Nuestro entorno es importante y por eso lo moldearemos para que nos eleve hacia el siguiente ámbito de la motivación y la felicidad.

Un camino libre de victimismo

Con la nueva comprensión de nuestra motivación, nos alejamos del victimismo y nos encontramos un camino despejado hacia la libertad. Ahora podemos dar vida a la motivación en el momento que queramos y podemos decirles a los demás cómo hacerlo:

> Elige la ambición y cuenta con que es posible
> y que tú puedes hacer que suceda.
> Pon atención constante y empeño en tus sueños
> y tu motivación se perpetuará sola.
> Muestra una actitud positiva mientras te esfuerzas
> para alcanzar grandes cosas y procura crear un entorno
> acogedor a tu alrededor que aumente tu motivación.

Con esas prácticas, cultivar la motivación pasa de una sensación fortuita a una *decisión voluntaria*. Con el tiempo, estas decisiones harán que nos sintamos dueños de nuestra vida, capaces de atravesar las distracciones y que manejemos mejor lo altibajos de la existencia. Sin dichas prácticas, somos presas de nuestros impulsos y esclavos de la pereza y el miedo. Somos víctimas de otras personas y de las circunstancias porque no podemos animarnos a ser conscientes o a liberarnos. Muy pronto somos víctimas desmotivadas y nada disminuye más las energías del alma que una sensación de victimismo.

Y por eso tenemos un mensaje para los que no tienen un propósito ni una motivación:

Ellos dicen: «Estoy esperando que algo o alguien me motive».

Nosotros decimos: la motivación surge solo de dentro.

Ellos dicen: «No me siento motivado. Lo que sucede es que no soy una persona motivada».

Nosotros decimos: la motivación no es un impulso del cuerpo ni una cualidad; es una intención y una voluntad de una mente libre y consciente.

Ellos dicen: «Obtendré más motivación y trabajaré más duro cuando mi empleo me proporcione más dinero, autonomía y responsabilidad».

Nosotros decimos: que no hayas elegido estar motivado antes es la razón de que no tengas más dinero, autonomía y responsabilidad. El esfuerzo te proporciona motivación y la motivación de proporciona recompensas.

Ellos dicen: «La gente que me rodea no deja de aniquilar mi motivación».

Nosotros decimos: tú eliges a la gente que te rodea, pero, en cualquier caso, la motivación es tu propia voluntad; es imperecedera y los demás no pueden darla por sentado, menoscabarla o aniquilarla. Existe dentro de ti porque tú así lo quieres. El nacimiento, la vida y la muerte de la motivación de cada día están sujetos a tu propio rumbo.

Ellos dicen: «Bueno, no he tenido ninguna experiencia importante en la vida que me haya motivado, como un golpe de suerte o un suceso que me hiciera buscar mi propósito».

Nosotros decimos: el propósito no cae como un rayo de inspiración. La motivación y el propósito son elecciones. Lo único que se necesita para encender la motivación es la decisión de aumentar tu ambición y tus expectativas; siéntate, piensa en lo que deseas y cree que puedes conseguirlo. Para mantener esa motivación debes dedicarle atención y esfuerzo constantes.

Ellos dicen: «A veces me da pereza».

Nosotros decimos: pues elige sentir otra cosa. La pereza es una elección, igual que cualquier otro sentimiento puede ser una elección. Sé consciente de que la vida es corta y que elegir la pereza te llevará a largo plazo a una vida que es esclava de los impulsos y está cuajada de arrepentimiento. Solo eligiendo cargarte de energía entrarás por fin en el mundo, descubrirás quién eres, harás realidad tus sueños y serás libre y grande.

Alargar y magnificar la vida

Ser conscientes, utilizar nuestras plenas facultades mentales como seres humanos, ser directores de nuestra propia mente y motivos *son cosas* que nos proporcionan poder individual. Jamás los descuidemos y dediquémonos a dominar la motivación cada día de nuestra vida. No hay nada que merezca más nuestra atención vital, pues con el millón de decisiones que tomamos a lo largo de nuestra vida —orientadas por una mente motivada que tiende hacia la libertad personal o libradas a los impulsos predeterminados que tienden hacia el miedo— creamos nuestro destino. O gana el miedo o gana la libertad.

La vida aumenta y se magnifica cuando la motivación arde. Una vez más, prendamos en nuestras almas un fuego ambicioso. Avivemos esta energía mediante la atención especial, el esfuerzo constante y la actitud positiva. Actuemos con total eficacia al moldear el entorno social y físico de nuestra vida. Si somos diligentes y si lo logramos, aumentará nuestra vitalidad, nuestra vida se magnificará como si una luz divina la atravesara, señalando al mundo y al destino que estamos aquí, que es nuestro momento, que estamos *preparados*.

SEGUNDA PARTE

Los 9 compromisos

Compromiso I

Enfrentarnos a la vida con presencia y autoridad plenas

Tu verdadero hogar está aquí y ahora.

Thích Naht Hanh

Algún pesar le está robando la felicidad a las personas del mundo, contaminando lo que tenía que ser una experiencia de libertad de inspiración divina. Es la ausencia agobiante del momento presente.

Muchos han examinado su cuerpo y su vida. No están en sintonía con la energía y las circunstancias que los rodean ni entienden sus responsabilidades hacia las mismas en este preciso momento. Las cosas buenas que los rodean apenas les producen impresión o respeto y actúan como si prefirieran estar en otra parte, como si estuvieran viviendo mentalmente en zonas horarias diferentes, con horas de adelanto o de retraso respecto del gozo y la dicha del ahora. Su fuerza vital parece, por tanto, desconectada y dispersa; sus vidas, ignoradas y no vividas; sus almas, a un mundo de distancia.

La mayor parte de la humanidad parece perdida en el abismo del desconocimiento. Los ojos vacíos y vidriosos de muchos lo revelan todo; mentes atrapadas en la oscuridad, indiferentes zonas de influencia de confusión e irreflexión. No duermen, pero no están conscientes, ni alerta, ni tienen un propósito. Están atiborrados de café, pero si no son conscientes de nada no existe un verdadero núcleo de energía, ni una buena base, ni una percepción dinámica del ahora.

La vida no debe ser una larga serie de experiencias indiferentes y sin rumbo. Nosotros no debemos ser zombis ni esclavos, animales inconscientes atrapados en el mutismo del momento, que llevan vidas mecánicas y carentes de autoridad. No debemos dejar de prestar atención a nuestros seres queridos, ni a las obligaciones de la vida, ni a los sueños que anidan en nuestro corazón.

Si deseamos ser libres y estar vivos con plena autoridad, debemos decidir volcar toda la potencia de nuestra mente consciente en la experiencia presente. Debemos *elegir* sentir de nuevo. Debemos *sentir* esta vida.

Recordemos que *solo en el presente podemos acceder a todo lo que amamos de la vida*. Todo lo que buscamos está aquí, con nosotros, y disponible en este momento. Todas las cosas de verdad valiosas —el amor, la pasión, la felicidad, la satisfacción, la armonía— están disponibles *ahora* en el menú de la mente, disponibles para que las saboreemos si despertamos y las pedimos. Todo aquello en lo que queremos convertirnos está también aquí; podemos elegir el rol que queremos desempeñar y cómo vamos a encauzar las energías de la vida en cada momento. Si aprendemos a canalizar nuestro conocimiento y poder en todo lo que hacemos, el descontento desaparecerá y regresará la energía vital. Percibiremos una vitalidad inmensa en la mayoría de hombres y mujeres de la tierra. Por eso, proclamemos: *nos enfrentaremos a la vida con presencia y autoridad plenas*.

La vida vivida a medias

Gran parte de nuestra vida pasa sin darnos cuenta. Nos perdemos amaneceres y puestas de sol. No percibimos cómo nos sentimos durante horas y a menudo días. No hemos visto al amable desconocido ayudar al anciano a cruzar la calle. Nos hemos perdido esa sonrisa agradecida en la cara de nuestro cónyuge. No hemos percibido la desesperación de nuestro compañero de trabajo porque no nos paramos a mirarlo a los ojos ni le preguntamos qué tal le había ido el día. Encerrados dentro y escondidos detrás de máquinas, nos hemos perdido todas las estaciones; el invierno pasó y no jugamos en la nieve; la primavera floreció e ignoramos las flores; el verano y el otoño pasaron muy rápido y ni siquiera recordamos el cambio en los árboles ni nos sentimos satisfechos con el tiempo que pasamos al aire libre. Cada día suceden millones de milagros, actos de bondad humana y hermosas vistas. Sin embargo estamos demasiado distraídos u ocupados pensando en el pasado o el futuro como para percibir la magia.

No debemos ser tan insensibles ni estar tan distraídos como para dejar que suframos el destino y la tristeza de aquellos que eligen una vida que solo les interesa en parte y con la que se comprometen solo a medias. No debemos ignorar los momentos y circunstancias claves de nuestra vida. Hay más vida, belleza y sentido que alcanzar.

> Con el entendimiento llega la comprensión
> de que el enemigo natural de la vida no es la lejana
> muerte, sino el desinterés por la vida.

La realidad está aquí, ahora, y debemos aprender a enfrentarnos a ella, a sentirla y a darle forma.

El presente es cuanto hay. La motivación y la vida en sí no se pueden percibir de forma separada del ahora. Sin volcar todo nuestro conocimiento en el momento, nos convertimos en esclavos de la impulsiva y hastiada predisposición, subordinada a nuestro condicionamiento básico que suele tender a la comodidad y al miedo en vez de hacia el crecimiento y la libertad. De este espacio de desvinculación emerge todo lo que despreciamos; el progenitor raras veces presente, el amante poco entusiasta, el estudiante descentrado, el líder distraído.

Es hora de estar más alerta y comprometerse más con el mundo. A medida que tienen lugar los siguientes momentos de nuestra vida, podemos elegir prestar más atención a cómo nos sentimos, a cómo se sienten los demás, a las cosas buenas que nos rodean. Podemos poner sobre los demás toda nuestra atención y afecto. Podemos abrir nuestro corazón, nuestra mente y nuestro espíritu a lo que el universo nos susurra. Una vez más, podemos elegir estar en este preciso momento, abiertos y libres... y *vivos*.

Nuestro único enemigo en este empeño somos nosotros mismos. Para conseguir una mayor presencia, tendremos que superar nuestra costumbre de vivir en el pasado o en el futuro. Y tendremos que tomar mayor conciencia de los roles y responsabilidades que podemos elegir en todos y cada uno de los momentos como personas libres, conscientes y motivadas.

Apartado del tiempo

La razón de que la mayoría carezcamos de vitalidad es que estamos encauzando nuestra mente de forma inconsciente u obsesiva hacia el pasado o el futuro a expensas de vivir el presente con plenitud. La vida no se puede sentir un día antes o un día después. Debemos aprender a renunciar a la costumbre de sentir nostalgia y de hacer pronósticos absurdos y volver a entrar en nuestra vida ahora mismo.

Empecemos liberando el pasado. De nada sirve pensar en el día anterior o en los anteriores a este. A menos que hagamos recuento de sus alegrías o que busquemos las lecciones que ahora podrían sernos de ayuda, es mejor liberar el pasado por completo. Todo lo demás llega como consecuencia directa de nuestra felicidad y libertad presentes.

Esta tarea es difícil. La mayoría de la gente se vuelve adicta a obsesionarse con su pasado, bien porque desean que regrese o bien porque lo culpan de la frustración de su vida hoy. El precio es que no pueden ser espontáneos; actúan en base a una identidad que no es más que un reflejo mental glorificado o atemorizado. La espontaneidad en el sello de una persona libre, y ninguna persona que esté atascada pensando en el pasado —en positivo o en negativo— puede ser libre de verdad en el presente.

Algunos dirán: «Pero a mí me *gustaba* el pasado más que el presente. Prefiero centrarme en los días de gloria y recordar quién era en vez de enfrentarme a quién soy hoy». Esto es lo que dice una persona que ha renunciado a su poder individual. *Se han converti-do en un conjunto de recuerdos andantes en lugar de en seres huma-nos movidos por una misión.* Ahora son débiles de carácter y care-cen de ambiciones, desaprovechados en un recuerdo perpetuo que impide que su vida real progrese. La vida seguirá siendo un nostál-gico mito a menos que descubran que su único camino para dejar atrás el pasado radica en el día que tienen ante sí. Lo que aporta-rá de nuevo motivación y gloria a sus vidas es una nueva disciplina mental para centrarse de nuevo en el momento, en ser auténticos y *activos* hoy. Sin esa ambición y atención conscientes, solo unas circunstancias negativas pueden enmendarlos; una catástrofe o una necesidad severa podría sacarlos del pasado y ayudarlos a centrar-se de nuevo en el presente. Cabría esperar que dicha nota negati-va fuera innecesaria y que simplemente eligieran reengancharse a su vida porque eso hará que sean felices y que se sientan vivos una vez más.

Si rememoramos recuerdos del pasado de forma breve y gozo-sa, asegurémonos de tomar nota de lo que nos hace felices. Vere-mos que la felicidad proviene de esos momentos en los que éramos sumamente *conscientes*. Algo estaba pasando y nos dábamos cuen-ta de ello con respeto o agradecimiento; había belleza, sorpresa, placer, pasión, diversión, amor y paz, quizá todo ello en una glorio-sa serie de momentos. El mundo ocupó el centro de atención du-rante un instante. Las cosas insignificantes se desvanecieron y las importantes aumentaron y captaron nuestra atención. La experien-cia destilaba autenticidad y frescura. Había una comunión con el presente. Despertamos y conectamos con algo positivo y por eso podemos recordarlos con facilidad.

Hemos de celebrar los buenos recuerdos. Pero no olvidemos que, aun en la morada de la felicidad, un pasado positivo se pue-de convertir en un invitado inoportuno que nos aparta de las ac-tividades y de la libertad del presente. Lo que nos hacía felices era ser conscientes del momento. No olvidemos eso. Utilicemos este conocimiento como forma de vida y volveremos al presente con plena vitalidad.

Otros piensan en el pasado y dicen: «Pero yo *odio* el pasado. Es la causa de todos mis problemas de hoy». Estos encauzan toda su energía obsesiva a mirar hacia atrás con gesto hosco y a señalar con el dedo. Preferirían no pensar en el pasado y sin embargo lo hacen porque en su mente han rodeado de resentimiento viejos problemas. A pesar del tiempo y del mundo en constante cambio, siguen resentidos por algún disgusto del pasado, afectados por algún temor del pasado, víctimas de alguna situación del pasado. Ahora son personas enfadadas, víctimas quejumbrosas o filósofos arrepentidos.

Es muy fácil convertirse en una de estas personas porque nuestro pasado nos ha moldeado de forma significativa. Pero no debemos hacerlo. Cualquier maldad o carnicería del ayer no pertenece ni remotamente al presente, sino más bien al cajón del olvido de la historia, donde no debemos rebuscar. Darle vueltas a heridas del pasado solo nos desalienta y nos aparta del presente.

Si las adversidades del pasado nos roban nuestra vitalidad de hoy debemos buscar otro nivel de conocimiento. Algunos necesitarán terapia para superarlo. La mayoría tendrán que ser, como mínimo, diligentes a la hora de liberar de inmediato los pensamientos negativos y en su lugar optar por preguntar: «¿En qué puedo centrar mi vida en este preciso momento para sentir cierta paz, reconocimiento o entusiasmo? ¿Qué clase de persona y qué tipo de experiencia elijo expresar *ahora mismo*?». A aquellos que poseen dicha entereza les pertenece una vida dotada de conexión, real y positiva.

Olvidar el mañana

Mucha gente no está pendiente del presente porque está pensando en el futuro.

Algunos albergan un miedo secreto a que el mañana sea peor que el presente. Se quedan en vela preocupándose por lo que les deparará el futuro. Sus temores sobre el futuro les arrebatan las cosas buenas del momento.

A otros no les preocupa que el mañana sea peor, sino que no sea diferente. Piensan: «¿Por qué mi vida no puede ser más excitante? Mañana va a ser otro día igual. Otra repetición de la misma rutina de siempre». La triste realidad es que, a menos que aprendan a aferrar su experiencia presente con renovado fervor, están en lo cierto.

Y otros miran hacia el futuro de un modo diferente; son soñadores perdidos en contemplaciones positivas acerca de lo que es posible para ellos. A menudo se sientan a su mesa y permiten que su mente se deje llevar por visiones del mañana y solo una llamada de teléfono o a la puerta les devuelve a la realidad. Por desgracia, sus pies raras veces tocan el suelo. Siempre están pidiendo deseos a una estrella fugaz, pero no trabajando aquí en la tierra para disfrutar de su experiencia o del progreso de sus vidas.

Igual que sucede con el pasado, no hay nada malo en visitar el futuro si esto nos aporta felicidad o enseñanzas. Pero ese viaje debe ser breve y nunca darse a costa del presente. Soñar y hacer planes cuando es preciso, sí, pero no desconectes de la magia, de las tareas ni de la gente disponible.

> Se puede imaginar un futuro mejor durante lapsos
> de tiempo, pero solo en el momento presente
> se puede construir un futuro mejor.

A pesar de sus recuerdos o sus sueños de futuro, los dueños de esta vida siempre centran de nuevo su atención en el momento presente. Viven con serenidad en el ahora, beneficiándose del ayer sin anhelarlo, esperanzados con el mañana, pero sin obsesionarse con él. Están muy pendientes para encauzar sus atenciones y afectos hacia sus circunstancias inmediatas y la gente que los rodea. A menudo se preguntan: «¿Está mi mente alerta ahora? ¿Estoy notando y percibiendo plenamente lo que me rodea y absorbiéndolo todo? ¿Estoy *sintiendo* esta vida? ¿Estoy encauzando toda mi energía hacia lo que tengo delante y hacia lo que importa?».

Eludir la realidad

Algunas personas no poseen la fortaleza necesaria para formular dicha cuestión, pues prefieren la salida fácil de la vida que es la evasión. Prefieren apartarse de las responsabilidades o de las circunstancias que tienen ante sí. Se alejan mental, emocional y espiritualmente del presente, puesto que comprometerse supondría esfuerzo e introspección. Se trata del hombre que evita escuchar lo que su esposa le pide porque eso requerirá que se levante del sillón; del líder que evita la reunión porque tendría que enfrentarse al hecho de que su negocio está fracasando; del estudiante que se marcha de la ciudad en vez de terminar un trabajo difícil; del hombre con una enfermedad que se niega a ir al hospital porque podría significar que algo muy malo le pasa y que la muerte se acerca.

A las personas inmaduras e inconscientes les parece lógico evitar las adversidades que la vida les depara. Resulta lógico ignorar las circunstancias que producen incomodidad. Es más fácil dejar de hacer las tareas difíciles que tienen ante sí y desviar su atención hacia diversas tareas más fáciles. Resulta tentador largarse, correr y esconderse. Pero al hacer eso, estamos huyendo de la vida misma. La víctima es nuestra propia presencia y nuestro propio poder. Cuando carecemos del valor o de la disciplina para abordar lo que debemos, no ejercemos ni perfeccionamos nuestra presencia y por eso la vida se vuelve carente de percepción y de felicidad. La evasión puede ser la mejor estrategia a corto plazo para evitar el dolor y el conflicto, pero también es la mejor estrategia a largo plazo para garantizar el sufrimiento.

Hay que enfrentarse a todas las cosas y ahora es el momento de empezar. Si tenemos pendiente una conversación difícil con nuestro cónyuge, hay que mantener dicha conversación hoy. Si el negocio peligra, no te marches de vacaciones ni te pierdas la reunión; ponte a trabajar para solucionar el problema en cuestión. Si el papel está listo, empieza a escribir. Si el cuerpo está enfermo, ve al médico. Hacer otra cosa es escabullirnos, y cuando eludimos algo, no puede haber paz ni progreso.

La gente libre y motivada no desatiende la realidad.

Se enfrentan a la adversidad con interés, viéndolo como una oportunidad para demostrar su fe, su fortaleza y su amor. Sabiendo que la vida está llena de conflictos, pero confiando en sí mismos y en su camino, tratan de sobrellevar cualquier cosa que la vida les exige. Mediante la práctica, aprenden a encontrar comodidad en lo incómodo, y verdadero control en la vida. Podemos aprender de ellos. Jamás miremos a la adversidad a la cara y salgamos corriendo. Hacerlo es apartarnos de este mundo y de este tiempo y renunciar a nuestro crecimiento y aportaciones a la vida. Recordemos siempre que al abordar nuestro sufrimiento y nuestro miedo obtenemos el control sobre los mismos. Encarando los desafíos en lugar de evitarlos, encontramos el éxito. Encarando las buenas oportunidades del destino para crecer, nos convertimos en privilegiados. Por ello, preguntémonos: «¿A qué debo enfrentarme en mi vida? ¿Qué verdades o realidades están impidiendo mi crecimiento y mi felicidad? ¿Qué puedo hacer al respecto ahora mismo? ¿Cómo puedo conectar mejor con este momento para poder dominar lo que me exige el presente?».

La falta de interés en nuestros roles

Estar plenamente presente en la vida no solo significa ser observador y constante al abordar nuestras realidades, sino también decidir elegir los papeles que desempeñamos y nuestras conductas cada día de manera activa.

En un determinado momento podemos representar uno o una combinación de cinco roles vitales. La falta de interés por estos posibles roles principales conduce a una vida sin un propósito. Pero aportarles nuestro conocimiento nos ayuda a activar nuestro pleno poder individual en cada momento. Dota de propósito a nuestra mente y nuestras actividades. Y tener un propósito es el mayor puente hacia el ahora.

EL OBSERVADOR

El primer papel que podemos representar en nuestra vida es el de *observador* o el de espectador consciente. Este es el papel y la responsabilidad que se nos encomienda con el don del conocimiento. Como observador, podemos sobrevolar nuestra realidad e inspeccionar por completo quiénes somos en la vida y los pormenores de cómo estamos actuando y reaccionando en el presente. No se trata de un distanciamiento de nosotros mismos o del presente, sino más bien de una rigurosa observación de los mismos.

Quienes han dominado este rol pueden tomar una decisión y casi al mismo tiempo evaluar si es o no la decisión *acertada*. Pueden percibirse haciendo, sintiendo y pensando cosas y saber si esas cosas son auténticas. Se dan cuenta cuando toman malas decisiones, cuando son maleducados con los demás, cuando se olvidan de algo importante. Son muy conscientes de sí mismos. Pueden percibir un conflicto que se fragua y sentir que su ira aumenta, pero elegir no hacer nada con esa ira. Como si tuvieran un diálogo interior: «Oh, entiendo que la situación me está afectando. ¿Por qué estoy reaccionando de esta forma ahora mismo? ¿Me ayudará la ira en este momento? Si reaccionara como mi yo más elevado, ¿qué diría y haría ahora mismo?».

Podemos aprender a dominar este rol practicando la introspección. Varias veces al día podemos preguntarnos: «Si me paro y sobrevuelo mi vida, ¿qué me veo haciendo y por qué creo que estoy haciendo eso? ¿Cuál será el resultado de mis actos y metas actuales? ¿Por qué puedo notar que mi mente, mi cuerpo y mi espíritu sienten, necesitan y desean de verdad ahora mismo?». Cuando comprendemos la idea de sentirnos a nosotros mismos, conectamos más con nosotros mismos y con nuestra vida. Este debe ser el objetivo.

EL DIRECTOR

El segundo rol es el rol más activo de *director*, el creador consciente y deliberado de nuestra vida. Si logramos imaginar la vida como una película, podemos imaginarnos como la persona que dirige cada escena y a cada personaje dentro de la misma. El director toma todas las decisiones y es quien planea y autoriza lo que hace cada personaje, por qué lo hace y qué hace a continuación. El director elige hacia dónde enfocar la cámara cada segundo de la filmación. El director toma decisiones razonadas acerca de los personajes a fin de dar forma a una historia absorbente y con sentido.

De esta sencilla metáfora podemos extraer mucha sabiduría para mejorar nuestra vida. Quienes son infelices con la historia actual de su vida son aquellos que no han estado dirigiendo sus escenas ni sus personajes. No tenían un plan para su historia. Se metieron y salieron de situaciones en sus vidas sin ningún propósito. Pusieron el foco en las cosas equivocadas, a menudo centrándose en los aspectos negativos de la vida al tiempo que se les pasaba lo hermoso o lo interesante. Dejaron que los personajes equivocados entraran en escenas importantes. Raras veces se apartaron del fotograma para ver la imagen global. Se permitieron responder a situaciones no como un personaje noble y heroico, sino como un niño llorón que cruza el escenario de la vida.

Dominar el rol de director requiere que seamos concretos en nuestras intenciones para cada escena de nuestra historia. Si vamos a salir con nuestro cónyuge esta noche, ¿cómo queremos que se desarrolle la escena? ¿Qué clase de persona queremos ser en la mesa? ¿Cuál será nuestro aspecto y cómo hablaremos? ¿Cómo reaccionaremos cuando nos cuente cómo le ha ido el día? ¿Qué sorpresas mantendrán el dinamismo de la escena? ¿Cómo podría la velada ser una aventura romántica capturada a través de nuestros propios ojos? ¿Adónde va esta historia con esta persona?

Hacer de director de nuestra propia película nos proporciona la capacidad de elegir el arco argumental de nuestro personaje y nuestra vida. Nuestro personaje, ¿será fuerte o débil, noble o egoísta, estresado o tranquilo, voluble o tendrá los pies en la tierra? ¿Dirá cada uno de nuestros días algo acerca de quiénes somos y, de ser así, qué dirá? ¿Qué demostraremos y en qué nos convertiremos en la siguiente escena de nuestra vida? Estas son preguntas importantes. Si no las hacemos, no logramos centrarnos en la historia de nuestra vida y por tanto nos perdemos dentro de ella. Lo que es peor, nos convertimos en actores en las historias de *otras* personas, víctimas de la mayor narrativa de masas que es un aburrido cuento sobre la conformidad. Por eso seamos más conscientes: *¿cómo será la historia de nuestra vida y cómo podemos encauzar nuestros pensamientos y actos para hacer realidad esa visión?*

EL GUARDIÁN

El tercer rol que merece nuestra atención es el de *guardián* de nuestra mente, nuestro cuerpo y nuestra alma. Debemos plantarnos delante de las puertas de nuestra vida y protegernos de contaminantes no deseados: información, personas y hábitos negativos.

Muy a menudo fracasamos en este rol. Permitimos que en nuestra mente entre información inútil, tonterías y estupideces. Consumimos de forma estúpida palabras, imágenes y sonidos de fuentes salaces que enmascaran sus advertencias y ofrecimientos como algo relevante para nuestra vida. Se trata de los medios informativos que simulan que un punto de vista ignorante y extremista podría informarnos, de la cadena que dice que la realidad de unos auténticos niñatos malcriados a los que graban sin ningún tipo de filtros puede entretenernos, de la página web que engaña para que creamos que somos infelices sin su producto. Nada de esto nos hace más sabios, sino menos informados; no nos entretiene, sino que nos atonta; no nos enriquece, sino que nos empobrece.

Todo lo que consumimos se convierte en parte de nosotros. Toda la información manipulada y los escándalos no hacen otra cosa que echar raíces en nuestra psique y emerger más adelante en forma de estupidez y dramatismo. Ver a personas comportándose de forma mezquina en televisión un millón de veces nos vuelve más mezquinos a nosotros. Como guardianes de nuestra mente, no debemos permitir que la estupidez y la negatividad entren con tanta facilidad. Tendríamos que ser conscientes de la información que entra en nuestra mente. Si nos proponemos aprender algo, seamos decididos en lo referente a nuestra fuente y busquemos alimentar nuestro cerebro con información positiva y motivadora que haga avanzar nuestra vida. Si queremos que nos entretengan, elijamos la forma de entretenimiento que nos aliente de verdad; eso nos proporcionaría una profunda comprensión o conocimiento a nuestra vida. En todos los casos, permanezcamos en nuestro puesto como protector de una mente sana y vital. Lo que vemos, oímos y dejamos que entre en nuestro cerebro moldea nuestra personalidad y nuestro destino.

También debemos ser guardianes de nuestro cuerpo. El drama de aquellos que viven en culturas prósperas llenas de falsa comida es que la comodidad frustra el sentido común. En vez de elegir comida de verdad, saludable y buena para nosotros, elegimos lo que es rápido y dulce. Como sociedad, nos hemos convertido no en guardianes, sino en glotones, que se atiborran y se envenenan a sí mismos, intoxicando como imbéciles la estructura misma que alberga nuestro corazón y nuestra alma.

> La mayoría de las personas se sentiría culpable
> por destruir la propiedad de otro, pero destrozan
> el templo mismo con que su Creador les dotó.

Es hora de que protejamos nuestra salud prestando más atención a lo que nos llevamos a la boca. No hay falta de información referente a cómo elegir una dieta saludable o llevar un estilo de vida más sano. Comer en porciones más pequeñas. Preparar un plato de alimentos saludables y verduras. Reducir la comida procesada o cualquier cosa con ingredientes imposibles de pronunciar. Dejar de ingerir tanto azúcar. Moverse más y hacer ejercicio varias veces a la semana para mantener un cuerpo fuerte y sano. Beber más agua y dormir más. Nada de esto es una novedad. Lo que requiere es un nuevo *compromiso* de cuidar de nuestros cuerpos. Si dejamos que la energía de nuestro cuerpo desaparezca, nuestra motivación no tarda en acompañarla.

Permanezcamos atentos para evaluar a la gente que dejamos entrar en nuestra vida. ¿Estamos permitiendo que tiranos, chacales y gilipollas contaminen nuestro entorno? ¿Quiénes son las personas negativas que envenenan nuestro potencial y por qué dejamos que entren en nuestro espacio? ¿Estamos permitiendo constantemente que nos hagan daño? ¿Nos estamos rodeando de quejicas y personas llenas de odio? De una vez por todas: *deben marcharse*. Y nosotros no debemos esperar que se vayan; seguirán rondando mientras nosotros se lo permitamos. Depende de nosotros ser fieros guardianes de nuestra felicidad y humanidad en la vida. Decirles a los demás que se marchen, que corrijan su actitud, que sean más amables y comprensivos a menudo requiere de una comunicación directa. Requiere ser más autoritario y exigente. A nadie le gusta hacer este tipo de cosas. Pero debemos protegernos de las personas amargadas. De igual modo debemos rodearnos de gente positiva, amable e inspiradora. Podemos llamarlos desde las puertas de entrada a nuestra vida, invitándolos a pasar a nuestro círculo y nuestro hogar, pidiéndoles que compartan sus opiniones y su vida con nosotros.

EL GUERRERO

El siguiente rol es el de *guerrero*. Si nos sentamos en nuestro hogar y nos parece que falta algo en nuestra vida, debemos levantarnos y aventurarnos a luchar con decisión para conseguir más. Debemos ser audaces, fieros y constantes al perseguir nuestros sueños. Debemos apartar nuestros temores, luchar con convicción, superar todos los obstáculos. Debemos querer ganar, llevar de nuevo tesoros y esplendor a nuestra casa, no dejar nada en el campo de batalla de la vida salvo la leyenda de nuestro valor y nuestra fuerza.

No habremos hecho nada de nosotros mismos ni habremos creado nada importante a menos que nos preparemos para el largo y arduo viaje para alcanzar el control. ¿Qué habilidades debemos tener para ganar nuestras próximas batallas? Adquirámoslas ahora. ¿Qué herramientas y recursos necesitaremos? Preparémoslos ahora. ¿Quién tendrá que marchar con nosotros para que podamos tener camaradería y apoyo al coronar la siguiente montaña? Tratemos de conocerlos y de reclutarlos ahora. ¿Qué debemos sacrificar a fin de ascender aún más alto? Sacrifiquémoslo ahora, antes de que sea un lastre para nosotros en el viaje.

Tener el rol de guerrero requiere que hagamos balance de todas las cosas con las que estamos profundamente comprometidos en la vida. El guerrero pregunta: «¿Qué defenderé en la vida? ¿Cómo proporcionaré honor y prosperidad a mis seres queridos? ¿Qué aventuras harán que me sienta vivo? ¿Qué quiero y hasta qué punto estoy preparado para luchar por ello?».

Este asunto del trabajo duro revela si somos los cobardes o los guerreros de este mundo. Quizá sea el momento de apartarnos de nuestros trabajos rutinarios y pensar otra vez en nuestros grandes sueños y en la gloria. Seamos honestos y valientes al valorar nuestra vida y preguntemos: «¿Hasta *qué punto* me estoy esforzando para alcanzar mi sueño? ¿Estoy dejando que los pequeños obstáculos frenen mi progreso o los estoy superando de manera constante? ¿Estoy haciendo lo que debo para preparar mi mente, mi cuerpo y mi alma para la victoria? ¿Estoy actuando con verdadera convicción y compromiso en la vida o simplemente voy tirando? ¿He luchado para triunfar en alguna vertiente de mi vida porque no he conseguido sacrificarme ni comprometerme?».

Si tenemos sueños reales debemos luchar por ellos. Por el bien de nuestra alma y de nuestras familias debemos adoptar ese espíritu de guerrero ávido, ambicioso y valiente.

La esencia del espíritu del guerrero es la *disposición*; una tendencia hacia la acción.

Los guerreros no pierden el tiempo en tomar decisiones. Apenas existen titubeos, indecisiones, dudas o evasivas. Los guerreros no esperan a que se den las circunstancias perfectas para iniciar la marcha hacia la victoria; no se detienen cuando están cansados o asustados; no se amedrentan ante una lucha necesaria; no se disculpan por ser valientes ni fuertes.

No, cuando hay una conquista en juego, cuando ven la fortuna en el horizonte, emprenden la marcha y marchan sin cesar. En su camino, los envuelve la seriedad, la solemnidad, el compromiso, un interior fuerte. Son firmes a pesar de la confusión y la incertidumbre que aceche debajo. Su pasión, su voluntad y su disciplina son únicos, a veces hacen que otros teman su ambición y sin embargo siempre se granjean el respeto por su coraje. «Ahí van», dicen los que observan al margen de la vida. «Esa persona es una *luchadora* y no se rendirá.»

Así pues, ¿por qué estamos luchando? Para los verdaderos guerreros, esta es una cuestión candente, algo muy meditado. Los guerreros sienten orgullo al responder a dicha pregunta. Sus compromisos son importantes para ellos y cada pequeña victoria hacia esos compromisos se registra, celebra e integra en su identidad, se comparte con júbilo con su familia o sus compañeros luchadores. Son muy conscientes del hecho de que son guerreros y están creando la ética del guerrero, una leyenda como luchador por cosas importantes para sí mismos y también más grandes y más significativas que ellos mismos. *Entregan su vida a algo que importa.*

Para convertirnos en guerreros más fuertes debemos acabar con todas las dudas y las excusas. Debemos comprometernos a luchar con más ahínco y durante más tiempo para lograr nuestros sueños. Anotemos todas las cosas que hemos estado esperando para hacer, junto con todas nuestras excusas para no hacerlas. Luego volvamos a comprometernos y a decidir que mañana, pase lo que pase, marcharemos con valentía hacia nuestros sueños a pesar de los obstáculos del camino. Una vez más, seamos obsesivos y feroces en lo referente a nuestro desarrollo. Los guerreros son obstinados y estrictos, claros en cuanto a aquello por lo que luchan y están comprometidos con cada disciplina necesaria para ganar la siguiente batalla. Por el destino de nuestros sueños y por la seguridad y la prosperidad de nuestras familias, que nuestro carácter sea firme.

EL AMANTE

Mientras llevamos a cabo nuestra búsqueda no debemos olvidar nunca *por quién* estamos luchando. Hay personas que nos importan y que nos necesitan. Ninguna victoria es dulce y no hay vida plena sin alguien con quien celebrar y a quien cuidar. Por eso, dominemos nuestro rol de *amante*.

Los amantes poseen una asombrosa capacidad de cubrir de atención y adoración a los demás. Se toman un interés vital en los demás para que estos puedan entenderlos, preocuparse por ellos y aportar sentido a sus vidas. Se comunican con el corazón y tratan de agrandar el corazón de aquellos que los rodean, ofreciéndoles respeto y comprensión.

Puede que este sea el rol y la responsabilidad más difíciles de dominar. Nuestras relaciones exigen *más* presencia, *más* cuidado y *más* atención plena que cualquier otra área de nuestra vida y, sin embargo, muy a menudo provocamos nuestra propia decepción, desengaño y separación. Pensad en todas las relaciones fracasadas que se podrían haber salvado con solo dedicarles unos pocos y valiosos minutos más de atención y afecto. Mirad al padre que grita a su hija, sin tener en cuenta sus sentimientos ni sus necesidades. Observad a la esposa sentada a la mesa, mirando su teléfono en vez de conversar con su marido. Recordad la época en que un ser querido necesitó una palabra amable, pero estábamos demasiado ocupados. Toda la oscuridad y la tristeza que generan estas situaciones se podrían evitar si nos centráramos más en el amor.

En un mundo moderno plagado de distracciones, nuestra mayor labor para convertirnos en mejores amantes es reconectar con aquellos que nos han entregado ya su corazón. Tenemos que concluir por fin nuestra búsqueda y una vez más mirar a los ojos a aquellos que adoramos. Tenemos que hacerles más preguntas. ¿Qué tal les ha ido el día, *realmente*? ¿A qué se están enfrentando? ¿Qué haría que se sintiesen más vivos y felices? ¿Cómo podemos conectar y cuidar mejor de ellos? *¿Existe alguna manera de que podamos demostrar aún más afecto y agradecimiento hacia ellos?*

Debemos aprender a sentarnos cada día y a pensar en la salud y en el crecimiento de nuestros seres queridos tanto como pensamos en la prosperidad de nuestras carreras. ¿Hay rituales que podamos crear para unirnos más? ¿Para reavivar el fuego y la pasión? ¿Para hacer que nuestras vidas avancen juntas?

Cada uno de nosotros fuimos creados a partir del amor. Nuestra naturaleza es el amor, nuestro corazón late gracias a él y nuestro espíritu se acelera con su vivificante poder. Reconectemos con nuestro corazón y con el corazón de los demás. Encarnemos este rol con tanta vitalidad y fuerza que aquellos que nos rodean se sientan aturdidos, extasiados, honrados y más vivos bajo la deslumbrante luz de nuestro amor.

EL LÍDER

Hay hombres y mujeres que cuentan con nosotros y se fijan en nuestro ejemplo. Esperan nuestra guía y nuestros actos. Les debemos el destacar en nuestro rol de *líder*.

El mundo necesita desesperadamente líderes. Debido a que carecemos de los mismos, muchísimos individuos e instituciones se adentran a ciegas en la oscuridad. La sociedad no se está aferrando a las exigencias del buen carácter y de las expectativas de servir al bien común. Y por eso el mundo está contaminado por la codicia, las locas pasiones y la intolerancia. Sin líderes al frente de la humanidad, lo que debería ser un jubiloso viaje colectivo hacia la esperanza, la libertad y la prosperidad para todos es en cambio un terrible viaje sin rumbo, con mocosos mimados demasiado ignorantes y orgullosos como para pedir que les guíen, un vehículo ladeado que se dirige hacia la catástrofe.

Debemos empezar de nuevo la gran labor de alentar a la humanidad.

Nuestro presente exige visión y disciplina y un esfuerzo común para cambiar las cosas de verdad. Los buenos líderes inspiran y mantienen todo eso. Así que preguntémonos: «¿Qué se puede hacer para mejorar este mundo en el que yo influyo? ¿Cómo puedo ayudar a los demás a solucionar sus problemas y alcanzar sus sueños? ¿A quién puedo reclutar y conferir poder para ayudar a alcanzar algo importante? ¿Cómo puedo desatar el potencial de aquellos que me rodean para que hagan más el bien?».

Quizá podríamos impedir que la sociedad cayera en picado hacia el olvido si más gente se hiciera estas preguntas. Sin embargo, algunos tememos asumir un rol de liderazgo. Pero ¿cuál es nuestra excusa? Cuando se juzgue el legado final de nuestra vida, ¿explicaremos a nuestro Creador que no nos equipó lo suficiente para la tarea? No. Debemos olvidarnos de las excusas y recordar nuestro deber de servir a algo mayor que nosotros mismos.

Echad un vistazo a la historia. Cuando se tomaron buenas decisiones y se hicieron progresos en las importantes encrucijadas de cada era, siempre había personas valientes y motivadas con una visión clara y voz segura. Seamos nosotros *eso mismo* para nuestra generación. La llamada del liderazgo está por doquier. No hagamos oídos sordos a las necesidades del mundo en este momento de crisis. Podemos ofrecernos voluntarios para algunas cosas y dirigir a nuestros barrios y comunidades. Hay fuentes de potencial y poder sin explotar en nuestros negocios. Decidamos ahora esforzarnos al máximo para descubrir esas necesidades, para alentar a los que nos rodean, para unir a la gente en una lucha y un servicio llenos de sentido una vez más. En aras del progreso de nuestro mundo, es el momento de asumir el mando de nuevo.

El momento presente

Cada uno de estos roles —*observador, director, guardián, guerrero, amante* y *líder*— está a nuestra disposición siempre que queramos. Si nos proponemos activarlos, seremos *dueños del presente* de forma que jamás imaginamos. La motivación surgirá. La vida volverá. Todo nuestro ser rezumará vitalidad.

Ninguno de nosotros dominará jamás estos roles en la vida de forma simultánea. Pero eso no significa que debamos descuidarlos. Hoy, comprometámonos a estudiar estos roles y hagamos cuanto podamos para representarlos con más presencia y autoridad.

El sol del conocimiento brilla sobre aquellos que entienden que los momentos de nuestra vida no deben pasar sin pena ni gloria o sin ser vividos. Podemos sentir estos cálidos rayos de esperanza si tomamos la firme decisión de no distanciarnos de ninguna forma de nuestra vida. No debemos evitar la realidad del presente ni desear una mejor. Debemos aprender a vivir con respeto hacia el presente y todo lo que este *nos ha dado* y todo lo que nosotros elegimos *darle.* Podemos elegir nuestros roles y responsabilidades con el mundo para que con el tiempo nuestro carácter y nuestro destino se forjen con firmeza. Gracias a estos esfuerzos redescubriremos la inmensidad, la libertad y el regalo que es cada uno de los momentos divinos que pasamos vivos.

Compromiso II

Recuperar nuestro tiempo

El presente es siempre de quien lo trabaja
con serenidad y grandes objetivos.

Ralph Waldo Emerson

La naturaleza humana nos encamina hacia la independencia y la libertad. Nada arde con más ferocidad en nuestra alma que el deseo de ser nosotros mismos y perseguir nuestros sueños. Y por eso las grandes alegrías de la vida llegan cuando somos espontáneos y auténticos cada día mientras participamos en actividades que nos interesan. Y las grandes desgracias de la vida llegan cuando se acumulan demasiados días en los que nos conformamos y fingimos mientras hacemos cosas que no nos apasionan lo más mínimo.

En estas verdades encontramos un baremo para medir cómo expresamos o no expresamos nuestra libertad: nuestros *días* independientes. ¿Hemos pasado el día de hoy siendo nosotros mismos, expresando nuestra propia voz, nuestros sentimientos sinceros y nuestro poder interior? ¿Hemos pasado la mayor parte del día realizando actividades importantes en lugar de siendo esclavos de la distracción o de esfuerzos inútiles?

Resulta fácil que nos arrebaten la vida día a día. Olvidamos qué queremos y nos distraemos. Hacemos lo que otros nos dicen que hagamos. Decimos que sí a tantas cosas que acabamos sin tiempo para hacer aquellas que nos interesan. Esta es la realidad de las masas.

Pero la libertad y la grandeza pertenecen a aquellos que controlan su presente. Estos tienen un nivel de control completamente diferente sobre su tiempo y el rumbo de su vida. Su presente significa algo para ellos porque saben que cada día acumulan fuerzas para alcanzar un destino concreto. Es como si se imaginaran de pie ante su Creador al final de su vida y teniendo que responder a sus preguntas:

¿Has empleado el tiempo que te concedí cada día
en ser una criatura con un objetivo?
¿Has seguido tu propio camino y has hecho
que tu tiempo cuente?
¿Te ocupaste de forma fiel del sueño que sembré
en tu alma?

Es como si despertaran cada día sabiendo que estas preguntas llegarían. Como si cada mañana lanzaran la reluciente lanza del propósito a los campos del futuro y después se encargaran de ir a recogerla y lanzarla más lejos. En su lucha diaria por alcanzar el objetivo, se mantuvieron concentrados, inflexibles y diligentes. Si alguna vez se sintieron perdidos, tuvieron la sangre fría de pararse a pensar: «¿Estoy en el buen camino? ¿Estoy avanzando hacia lo que deseo?». Si se encontraron divagando por el valle de la desesperación y la distracción, fueron conscientes de que tenían que levantar la cabeza, encaramarse a un punto elevado y ver adónde les estaba llevando su viaje y si era donde desean ir, y de que debían buscar esa reluciente lanza y reorientarse hacia ella y encontrar una vez más el horizonte de su gran destino. Continuaron por ese camino con asombroso compromiso. Tenían su propio objetivo en la vida y despertaban cada día siendo fieles a esa causa y llenos de pasión por ella. Jamás desfallecieron, a pesar del esfuerzo y de la adversidad, impulsando siempre su propósito hacia la distancia, buscándolo sin cesar y hallando siempre un modo de superar o atravesar cualquier obstáculo, hasta acabar en la tierra de sus sueños o con los ángeles por haber muerto intentándolo.

Lo que no hicieron fue perder el tiempo dando rodeos
o marchando bajo la bandera de las ambiciones de otro.

Compara la agenda de su vida con la de los rezagados y quejicas del mundo, que carecen de rumbo y de pasión y que temen trabajar. No logran lanzar su propósito al mundo, o si lo hacen, se permiten distraerse en vez de perseguir sus deseos hasta el final. No
logran mirar por encima de sus tareas inmediatas para ver adónde
se dirigen, pues prefieren la falsa sensación de progreso que les
produce haber realizado alguna tarea sin importancia. Tienen demasiado miedo, son demasiado perezosos o están demasiado in-
fluenciados por el ruido de las exigencias de otras personas para
perseguir su propio sueño. No luchan con verdadero deseo y disciplina. Ponen una excusa tras otra y cuentan una historia tras otra
en cuanto a por qué no pueden avanzar o escalar la montaña. No
se sienten obligados a activar por completo sus poderes latentes. Viven de forma inconsciente o en una fase de negación silenciosa, incapaces de enfrentarse a la verdad de que su propio plan de vida
es, cosa curiosa, insignificante o carece de concentración.

Y por eso la marca de la grandeza jamás se grabará en su alma
porque no son fieles ni leales a sí mismos ni a su misión.

Somos una cosa o la otra; el luchador con la lanza del propósito o el rezagado distraído con una excusa. ¿Cuál será nuestra realidad? ¿Consentiremos no tener un rumbo en la vida, despojados
de cualquier propósito por las exigencias de otros y por todas las
distracciones del mundo? ¿O finalmente nos tomaremos en serio
el hecho de que nuestros días se convertirán en semanas, las semanas en meses, los meses en años y en décadas y en una eternidad
ganada o perdida, feliz o llena de arrepentimiento, con un propósito o desperdiciada?

Hagamos de este día el día en que recuperemos nuestro plan
de vida de las garras de la conformidad y de la distracción. Tengamos nuestra meta en la vida y avancemos hacia ella con celeridad y
diligencia. No olvidemos que nuestros sencillos esfuerzos y triunfos diarios pueden cobrar peso e impulso para convertirse en una
fuerza imparable que nos conduzca a una vida centrada y libre.

Podemos diseñar nuestro plan de vida de forma que nuestro orden del día ya no sea objeto de resentimiento sino más bien algo hermoso; un impresionante cuaderno de bitácora de nuestro disfrute de la vida y un progreso hacia la libertad y la trascendencia. Podemos liberar nuestros horarios de tareas insignificantes y, en el proceso, exigirnos más y alcanzar planos de felicidad y finalidad más elevados. Mediante el diseño consciente y la atenta protección de nuestro tiempo y nuestro orden del día, podemos recuperar nuestro destino y hacer que cada día sea ingenioso y satisfactorio.

Pero para hacerlo debemos echar un buen vistazo a nuestra costumbre de entregar nuestra vida y nuestro tiempo a otros o dedicarlos a cosas sin sentido. Tenemos que decir *no* más a menudo. Tenemos que centrarnos más. Tenemos que luchar más para salvaguardar nuestro tiempo, nuestros sueños y nuestra alma.

Tomémonos ahora en serio nuestros días y en quiénes nos estamos convirtiendo gracias a ellos. Tomémonos en serio el objetivo y el disfrute de una vida llena de sentido. Es hora de valorar el presente una vez más y de negarnos a entregar nuestra vida a las distracciones y estupideces del mundo. Es hora de labrarnos nuestro propio camino y recuperar nuestro presente. Por eso, proclamamos: *recuperaremos nuestro tiempo*.

Despojados de nuestro camino

Pocos sabrían o reconocerían que carecen de control sobre su plan de vida general. ¿Cómo podemos discernirlo? ¿Qué señales nos indican que nos hemos apartado de nuestro singular camino en la vida? Hay verdades duras y sutiles indicios.

Si hay una falta de verdadera expresión, de felicidad, vitalidad y satisfacción duraderas en la vida, nuestro orden del día está en peligro. Pues ¿quién planearía una vida marcada por la conformidad, el tedio, la fatiga y la insatisfacción?

Si rehuimos nuestros sueños por miedo al fracaso, si sentimos tristeza cada día o no hay ningún progreso hacia nuestro definido camino está claro que no estamos al mando de nuestras emociones cotidianas ni de nuestro rumbo.

Podemos seguir preguntando: «¿Me he vuelto tan parecido a los demás en el trabajo que no soy yo mismo? ¿Estoy actuando como otra persona a fin de complacer a mis padres, amigos o amante? ¿Creo en cosas y me comporto de maneras que son irreflexivas, que me causan problemas o que no son parte real de mi alma? ¿Siento que la gente que me rodea no tiene ni idea de quién soy ni de lo que quiero? ¿He seguido a otras personas sin reflexionar a fondo sobre lo que quería y por eso tengo este trabajo, estudio este tema, me engancho a este hobby o me siento atrapado en esta vida?».

Por último, la revelación definitiva: sentirse *atrapado*. Que una persona se sienta encerrada en cualquier aspecto de su vida es un signo evidente de que no ha sido dueña de su plan de vida, sino que más bien ha estado sufriendo las cadenas de la conformidad. Ha estado satisfaciendo a todos los demás, esclava de las ideas imperantes o de las expectativas de los demás, jugando a un juego del que nunca quiso formar parte.

La señal más sutil es cómo nos *sentimos* en general con nuestra vida. Si obtenemos todo lo que creemos que necesitamos y cada indicio dice que la vida *debería* ser satisfactoria, pero nos sigue pareciendo que *falta* algo, entonces sabemos que hay un problema.

Si alguien pregunta «¿*Cómo estás?*» y no somos capaces de sentir una respuesta de sincera felicidad brotar de nuestro interior, ¿qué es lo que indica eso? Indica que *no estamos* en el singular camino de nuestra vida.

Esto es especialmente cierto si al pensar la pregunta con seriedad nos sorprendemos respondiendo con una mundana mentira como «Oh, bueno, supongo... que... estoy *bien*».

«Bien» es la tarjeta de visita de la conformidad.

Las cosas están simplemente *bien* en la vida cuando la pasión ha abandonado nuestras venas gota a gota. Las cosas están *bien* cuando hemos hecho lo que nos han dicho que hagamos y estamos hartos y cansados de ello. Las cosas están *bien* cuando hemos estado marchando al son que marcaba otra persona durante demasiado tiempo. Las cosas están *bien* cuando anhelamos más aventura, más pasión, más intimidad, más expresión creativa, más colaboración, más empuje, más independencia, más libertad y más *vida en nuestro presente*. Si estamos simplemente bien, no estamos vivos. ¿No deberíamos estar *increíbles, entusiasmados, emocionados, fantásticos, fenomenales y más que agradecidos*?

Otra señal sutil de problemas es que a menudo nos quedamos mudos con respecto a cosas que nos importan. Si queremos algo, pero no lo pedimos, significa que muy probablemente aceptemos cualquier cosa que nos digan que hagamos o lo que sea que se presente a las puertas de nuestra vida.

Debemos preguntar: «*¿Es consciente el mundo de quién soy? ¿Saben mi familia y mis amigos quién soy y qué deseo de verdad de la vida? ¿Saben mis iguales y mis líderes lo que quiero aprender de verdad, por lo que quiero trabajar, colaborar?*». Si respondemos con un *no*, queda claro que no estamos siendo nosotros mismos ni estamos diciendo lo que pensamos sin tapujos. Dicho silencio revela miedo al rechazo o un insano nivel de necesidad de adaptarnos a lo que «ellos» quieren para nosotros.

En este silencio conformista no hay nada;
ni el sonido de la vida ni una personalidad palpitante,
estupenda y atronadora.

El sufrimiento se instala en dicho silencio. Jamás olvidemos que decir lo que pensamos y contarle al mundo lo que queremos y deseamos es una práctica fundamental de una vida libre.

El último indicio claro de que el plan de vida de alguien no es el suyo es una falta de concentración constante. Esta terrible e interminable distracción del mundo moderno es lo que le roba el propósito y el progreso a nuestra vida. Se está convirtiendo en un momento crucial de la humanidad, en el que o bien apartamos nuestra atención o bien nos arriesgamos a volvernos adictos emocionales a nuestra tecnología, a dispositivos que de algún modo, pese a no tener alma ni finalidad, nos controlan más de lo que nosotros los controlamos a ellos. La humanidad se está convirtiendo rápidamente en esclava de sus propias herramientas. Las horas del día pasan deprisa mientras comprobamos, actualizamos y toqueteamos la pantalla táctil, ¿con qué fin? Da la sensación de que vaguemos a la deriva en un río digital en el que jamás elegimos meternos de manera consciente. Y estamos empezando a ahogarnos. En cuanto nos proponemos realizar una tarea *importante*, nos sentimos obligados a revisar algo irrelevante. A duras penas logramos pasar un solo día sin sufrir un fallo del explorador o amnesia de las aplicaciones; esas prolongadas lagunas en que estamos perdidos en largas series de clics y toqueteos de pantalla que nos roban el ímpetu y no dejan rastro de un verdadero propósito o logro.

Sin embargo, es mucha la gente que parece eficiente y muy ocupada realizando diversas tareas, haciendo un seguimiento de todo lo que no es importante hasta niveles infinitos. Documentamos cada uno de nuestros movimientos individuales en fotografías y videos. Pero no sabemos nada de nosotros mismos. Pasamos más tiempo revisando nuestras estadísticas que nuestras almas. Escarbamos en nuestra experiencia vital en busca de datos, pero no de recursos. Tenemos todas estas cifras que podemos mejorar, pero no tenemos ni idea de cómo reducir la insensibilidad. Por mucho que nos conectemos, estamos desconectando de nuestras propias vidas y convirtiéndonos en mirones, que contemplan boquiabiertos los sórdidos detalles de las vidas de otros a fin de sentirnos conectados o entretenidos.

Si queremos sopesar, monitorizar y mejorar algo, que sea nuestra historia, nuestro carácter y nuestra conducta: la concienciación de quiénes somos y cómo experimentamos y nos relacionamos con el mundo. Reclamar nuestro plan de vida tiene que ver con preguntar: «¿Estoy orgulloso de quién soy y de la persona en que me estoy convirtiendo? ¿Soy feliz con lo que hago y estoy aportando algo al mundo? ¿Me he sentido agradecido por este día y sus oportunidades y me he conducido con firmeza para poder vivir mi mayor verdad y aportar lo mejor de mí?». Estemos pendientes de nosotros mismos de estas maneras, pues al final estas son las únicas medidas que importan.

Nuestro momento decisivo llegará mientras continuamos deslizándonos en el olvido del profundo río digital, ahogándonos en distracciones entre clics y toques con el dedo, o mientras ocupamos una posición aventajada, alejados de todo el ruido, y por fin, después de todo este tiempo, elegimos centrarnos de nuevo en lo que de verdad importa en la vida.

Preguntemos con valentía qué dice de nosotros que no podamos abandonar nuestra adicción a las distracciones digitales. Se trata sin duda de una adicción; no somos mejores que el alcohólico que no puede evitar el bar o el ludópata que no puede evitar el casino. Quienes tienen la compulsión de conectarse tienen una vida como sigue: se despiertan cada día y lo primero que hacen es revisar los mensajes que les han dejado, aterrados siempre por la posibilidad de haberse perdido algo que otra persona quería por puro capricho, solo unas horas o unos minutos antes. Su segunda tarea es organizarse el día no en base a lo que deberían lograr en la búsqueda de sus sueños, sino más bien a las horas que deben pasar respondiendo a las necesidades y peticiones de los demás. Responden con el mismo entusiasmo y devoción a todos por igual, personas de influencia e idiotas, y su adicción a satisfacer a los demás no hace distinciones ni establece prioridades. Están todo el día ocupados con el único fin de responder a todo. No hay ninguna revelación, solo reacción; un terror autoinfligido a estar quedándose atrás. Su propósito en la vida, si se puede llamar así, es «seguir adelante», «estar al día» en una carrera de locos en la que jamás deberían haberse metido y que nunca ganarán.

Este no ha de ser nuestro destino si queremos tener el coraje de volver a asumir la responsabilidad de dirigir nuestra propia vida y avanzar una vez más hacia objetivos importantes cada día, pase lo que pase. Debemos elegir este día para ser más firmes en cuanto a lo que queremos y a qué se merece toda nuestra atención.

Lucidez en lo que es importante

¿Qué nos proporcionará la sensación de que estamos de nuevo al mando de nuestro plan de vida? La *lucidez*. La *dirección*. El *progreso*.

Empecemos desarrollando la lucidez acerca del estado actual de nuestro plan de vida percatándonos de que toda la experiencia humana se divide en dos campos: las actividades con sentido y las actividades sin sentido. Esto fuerza una clara distinción cuando evaluamos nuestros días. *¿Me parece significativo lo que hago cada día de mi vida? ¿Todo este trabajo intrascendente es compatible con lo que siento que es el trabajo de mi vida?* Estas son las preguntas de las personas decididas. Dichas preguntas hacen que evaluemos todo de nuevo; cada tarea, responsabilidad y oportunidad que el mundo nos brinda han de cuestionarse ahora en cuanto a si se adaptan a nuestros objetivos, si nos alientan o permiten que nos sintamos realizados. Con esas actividades menores debemos ser firmes y mostrar, de una vez por todas, nuestra confianza en que hemos de realizarlas.

Algunos se quejarán de este trabajo. Dirán: «Pero a mí no me gustan mis respuestas. Tú no lo entiendes. Tengo que hacer este espantoso trabajo. Mi jornada laboral no la elijo yo». Para aquellos que creen esto, solo el tiempo y la madurez los ayudará a descubrir la verdad; el trabajo, así como nuestras emociones, es en definitiva una elección. Ejercer o no ese poder depende de nosotros. Si no nos gusta el trabajo que estamos haciendo, tenemos tres opciones:

continuar odiando lo que hacemos;

cambiar nuestra perspectiva y buscar sentido y felicidad en nuestras labores actuales;

o dejar el trabajo rutinario y buscar aquel que nos alegre el alma.

Es de esperar que todos, en un momento dado, y tan pronto como sea responsablemente posible, elijamos la última opción.

¿Tenemos que dejar cada empleo que odiamos? No. Por supuesto, podríamos permanecer en cualquier trabajo y alcanzar el éxito; la grandeza se puede cultivar en la tierra de cualquier experiencia. Pero todos sabemos que las semillas de la grandeza crecen más rápido en el corazón de aquellos que desempeñan el trabajo que adoran que en el corazón amargado de quienes son esclavos de un trabajo que desprecian.

Algunos dedican toda su vida a un trabajo que les desagrada porque no tienen el valor de preguntar: «¿Y si fuera lo bastante libre y fuerte como para buscar algo más interesante y satisfactorio? ¿Y si el mundo no me da lo que quiero porque, en base a todas mis distracciones y falta de disciplina para alcanzar un objetivo, no tiene claro lo que estoy pidiendo?». Con preguntas tan valientes nos ponemos nerviosos y liberamos un nuevo tipo de deseo y de fortaleza interior.

Establecer una dirección: un manifiesto escrito

Debemos ir más allá. Además de evaluar nuestra experiencia de vida actual y tener claro si los esfuerzos realizados en nuestros días son significativos para nosotros, debemos establecer un rumbo nuevo y más activo para nuestra vida.

¿Cuál será nuestra misión de ahora en adelante?

¿Cuál será nuestro plan de acción?

¿Qué pasos debemos dar?

Estas preguntas no son una sugestión filosófica. Deberíamos sentarnos ahora, bolígrafo en mano, a escribir el enfoque y la dirección de nuestra vida de ahora en adelante. Si carecemos de nuestros propios compromisos y directrices en la vida —escritos, revisados, actualizados y realizados— solo podemos acabar formando parte del rebaño. Acabamos donde «ellos» nos llevan, donde quieren que estemos, adondequiera que el viento nos arrastre, sin importar nuestras esperanzas ni nuestras metas. Nosotros no queremos una vida así.

Por eso, en estos mágicos momentos de nuestra vida que rebosan pasión y poder de decisión, sentémonos y escribamos. Reclamemos nuestro día de mañana anotando nuestros sueños esta noche. Preguntémonos:

¿Qué busco realmente en la vida?

¿Qué es lo que *de verdad* quiero crear y aportar?

¿Qué clase de persona quiero mostrar al mundo cada día?

¿A qué clase de personas amaré y con quién disfrutaré de la vida?

¿Qué gran causa me impulsará cuando me sienta débil o me distraiga?

¿Cuál será mi principal legado?

¿Qué pasos he de dar para iniciar y mantener estas iniciativas?

¿Hacia qué logro orientaré mis días esta semana? ¿Este mes? ¿Este año?

Sí, debemos escribir estas cosas en lo que será nuestro propio manifiesto, nuestra propia declaración escrita de lo que ha de ser nuestra vida.

Quienes carecen de dicho documento escrito deben dejar de engañarse y pensar que *están* a cargo de su vida. Ya que sin esa autonomía, no somos más que tristes navíos capitaneados por la conformidad. Las intenciones y las reflexiones ocasionales acerca de la vida no son suficientes para impedir que alguien se conforme o pierda sus días por culpa de las distracciones. Existe una razón para que las naciones escriban y cumplan sus declaraciones, constituciones y leyes. No importa lo fuerte que sea la sociedad, no importan sus metas, ni su cultura, ni su voluntad popular, sin directrices escritas todo se pierde en la aleatoriedad del comportamiento humano. Por eso debemos escribir, por eso debemos revisar nuestros manifiestos y por eso debemos actuar de conformidad con el orden del día que hemos establecido para nosotros.

Después de haberlo escrito, levantémonos mañana y forjemos el día y la semana para empezar a avanzar y a llevar a cabo estas cosas. Luchemos por estas cosas. Aprovechemos la mañana para recordarnos a nosotros mismos lo que buscamos, y escribamos cualquier objetivo específico, dedicándole tiempo a ese primer momento crucial de planear nuestro horario. Ese valioso primer momento no se debe desperdiciar, pues nuestros sueños nocturnos se pueden olvidar con facilidad a la luz del día. Debemos aprovechar la mañana virgen para determinar un programa que sea nuestro antes de que el mundo nos imponga sus necesidades corruptas. Sí, levántate por la mañana y escribe algo más. *¿Quién seré hoy? ¿Qué sueños perseguiré? ¿Qué crearé y qué lograré pase lo que pase? ¿A quién beneficiaré, a quién daré amor o reconocimiento? ¿Qué haré o experimentaré que me ayude a sentirme realizado y agradecido cuando apoye la cabeza en la almohada esta noche?*

A esto se le llama vivir de forma independiente y con un fin. Así es como viven las personas motivadas. Esto manifiesta una vida más libre. Todo lo demás son deseos y esperanzas, un descenso constante a la mediocridad, el mortalmente tedioso redoble de la vida reactiva y sin sentido.

Progresar a pesar de la obligación

Para algunos, esta charla sobre recuperar nuestra vida parecerá fuera de su alcance, no porque cuestionen su propio potencial, sino porque se sienten obligados a controlarlo por los demás. Dicen «Tú no lo entiendes; tengo que satisfacer las necesidades de los demás. Mi presente no lo elijo yo porque he de amar y cuidar a todos los que me rodean. Debo sacrificar mis sueños y mi búsqueda de las cosas con sentido en aras del amor o la obligación. Tengo que complacer a todos, así que no puedo progresar ni tener mi propia felicidad y libertad». El tiempo, la madurez y esa gran revelación que es el poder de elección son también muy necesarios para dichas personas.

Nadie a nuestro alrededor puede impedir
que avancemos hacia nuestros sueños.
Creer lo contrario es aceptar el rol de víctima
en la vida.
Nuestro presente es elección nuestra.

Y por eso, ¿qué se puede hacer? ¿Debemos abandonar a todo el que nos necesita para así poder tener la vida que deseamos? Quizá la elección más natural sea aprender nuevas formas de proteger nuestros deseos y sueños mientras representamos nuestros roles escogidos en la vida. Podemos ser buenas madres y luchar con diligencia cada día para alcanzar nuestros sueños. Podemos ser buenos líderes que ayudan a los demás a alcanzar más cosas mientras seguimos luchando de forma diligente para lograr nuestros objetivos diarios.

Al enfrentarnos a las necesidades de otros mientras mantenemos nuestro plan de vida, debemos aprender el impresionante poder del *no*. No hay ninguna regla escrita en ninguna parte que diga que debemos decir *sí* a toda petición que nos hacen o que nos repite un quejica.

No decimos que no podamos ser afectuosos y responsables con aquellos que nos necesitan y cuando eso nos produzca felicidad. Si amar y cuidar de personas concretas es justo lo que nos parece significativo, eso es lo que debemos hacer. Llevar a las niñas al fútbol no es una distracción si eso aporta sentido a nuestros días. Sin embargo, no debemos permitir que las distracciones del mundo, los holgazanes ocasionales o las oportunidades fortuitas nos roben de forma constante nuestro día planeado.

Para muchos, no saber decir que *no* hace que su vida se convierta en una espesura de estrés e infelicidad. Estos individuos son fáciles de distinguir, ya que siempre asumen el rol de víctima de los deseos del mundo. Su vida parece un trabajo industrial, tachando de la lista las tareas que otros les han encomendado. Pueden parecer exhaustos y frenéticos, ahogados por la asfixiante tenaza de plazos establecidos que no han elegido ni planeado. A menudo aparentan estar esperando instrucciones o un rumbo, de modo que su programa es más un compás de espera que un plan de acción. Quedan atascados en la vida porque nunca se enfrentan a sus tímidos deseos de complacer a otros. Su único esfuerzo verdadero es adaptarse a los deseos y planes del mundo y por eso sus semanas, sus años, sus décadas o sus vidas carecen de habilidad o de una trayectoria con sentido. La suya es una vida quejumbrosa y extenuante bajo el peso del control y de las expectativas de otras personas.

Todos nos enfrentamos al eterno drama de compaginar nuestras necesidades y ambiciones personales con las de las personas que queremos, dirigimos y servimos. Pero no debemos sucumbir al victimismo. Otras personas siempre exigirán nuestro tiempo y nuestra atención, inclusive gente que amamos y que nos importa. Nuestros padres querrán que los escuchemos más a menudo de lo que nosotros queremos. Nuestros amigos y vecinos nos invitarán a fiestas y reuniones. Tendremos obligaciones de nuestra iglesia, partido político y organizaciones de voluntarios. Tendremos jefes que esperan acceso permanente y respuesta inmediata.

Pero ¿cómo responderemos a semejantes peticiones? Si decimos que *sí* a todas, estaremos acabados. Nuestra única opción es decir que *no*, y decirlo con *frecuencia*, decirlo *más* de lo que nos gusta a nosotros o a los demás. Las únicas excepciones deberían ser en casos en que nos vemos diciendo que *sí* para ser personal y socialmente significativos y que sean parte de nuestro avance hacia nuestra vida ideal.

La vigilancia será necesaria porque siempre habrá unos pocos necesitados que puedan oler nuestro deseo de complacer. Estos atacarán como negros cuervos desde el cielo, lanzándose en picado una y otra vez mientras devoran nuestra vida pedazo a pedazo. Se trata del tipo de la oficina que no deja de pedir otro favor, de la ex novia que siempre llama contando un drama y necesitando que la rescaten, el empleado que se cree con derecho, al que ayudamos una vez y que ahora se niega a levantar un solo dedo para trabajar de verdad. Estas personas no dejarán de llegar y les importan un comino nuestros planes o nuestro destino. Su oportunismo nos acosará si no decimos con firmeza que *no*, que *no* y que *no*. Debemos aprender a responder con habilidad y a veces de forma enérgica a aquellos que siempre están diciendo: «Siento muchísimo tener que pedirte otro favorcito». A ellos les responderemos: «No te puedo ayudar ahora mismo. Tengo planes que no pueden esperar ni adaptarse a tu repentina emergencia».

Al decir esto, no tenemos que disculparnos más de lo que tenemos que disculparnos ante la persona que choca con nuestro coche cuando nosotros tenemos prioridad. Podemos ser hábiles si es necesario: «Ojalá pudiera ayudarte, pero por desgracia soy incapaz de ocuparme de tu petición de último momento porque estoy muy ocupado con actividades programadas hace mucho tiempo y proyectos con los que ya me he comprometido».

El modo en que manejamos a los enemigos de nuestro propio progreso habla de nuestro carácter e independencia. Estamos condenados si subordinamos nuestros planes de presente a sus peticiones o crisis. Al satisfacer sus necesidades, que suelen ser falsos plazos establecidos o emergencias creadas solo por su falta de preparación o responsabilidad, perdemos una hora irrecuperable que podría haber impulsado nuestra propia vida. Por estas razones debemos reclamar nuestro tiempo con puño de hierro. Debemos mirar a la gente avasalladora sin rumbo del mundo, las innumerables personas necesitadas, quienes no están en nuestra lista de personas a las que queremos amar, cuidar y ayudar. No se debe subestimar: *No tiene que darnos miedo decir* «No, no puedo ayudarte».

Y por eso, decidamos que no vamos a dejar que los simulacros de incendio de otras personas den lugar a simulacros diarios de nosotros desechando nuestros sueños. Las exigencias de los caprichosamente necesitados o de los mal preparados terminales no son problema nuestro. Sus vidas no son nuestra responsabilidad.

Reconocer esta verdad vital es liberador: *No estoy a cargo ni soy responsable de los desastres que otros han provocado en sus vidas y no tengo que salvar a todo el mundo en mi vida.*

¿Qué podemos esperar por mantenernos firmes y fieles a nuestro orden del día? ¿Qué sucede cuando decimos que *no*? La mayoría lo entenderá y con el tiempo muchos acabarán por respetarnos y dejarnos en paz.

Pero no nos engañemos: habrá un pequeño contingente de personas que se enfurecerán. No les gustará nuestro libre albedrío e independencia. Intentarán ridiculizarnos o echarnos las culpas. Puede que pregunten: «*¿Quién narices te crees que eres?*». Puede que se sientan despechados y que lancen implacables campañas para convertirnos en sus peones una vez más, para volver a tenernos en su puño por la fuerza o con delicadeza, para meternos de nuevo su concepto de cómo deberíamos tratarlos. Muchos argumentarán que *estamos* en deuda permanente con ellos por su amor y su sacrificio. «¿Cómo te atreves a rechazarme? ¿Cómo puede dejarme solo? Después de todo lo que he hecho por ti, ¿cómo puedes no darme esta cosilla de nada?» En vista de semejantes halagos, no debemos transigir, o nos arriesgamos a que nos empujen de nuevo a su pegajosa telaraña, cada vez mayor, de exigencias. Descubriremos que cuanto más a menudo digamos que *no*, más probable es que la gente encuentre a otra persona a la que molestar o se vuelvan más autosuficientes dado que no cuenta con nuestra constante disponibilidad.

Sí, suscitaremos hostilidad, perderemos el favor, romperemos lealtades y haremos peligrar nuestra popularidad. Eso sucederá más y más a medida que obtenemos cada vez mayor poder de decisión y libertad en la vida. Que así sea.

Ninguna gran persona ha hecho historia sin que le hayan echado las culpas o sin que haya sufrido una reacción adversa de aquellos a los que no les gustaba o que no valoraban su independencia, su disciplina o su tenacidad.

Por eso, dejemos que los mezquinos se quejen. Que tiemblen de absurda ansiedad o ira. Después de días, semanas y meses protegiendo nuestro territorio, negándose a ceder ante la culpa o la presión, manifestando de forma convincente que tenemos nuestros propios sueños que perseguir, descubriremos que los exigentes abusones y los idiotas ignorantes por fin nos han dejado en paz. Entonces, liberados de la opresión social que son las molestas exigencias de los demás, somos libres, libres para crear y diseñar nuestra propia vida en el espacio blanco de tiempo recién abierto. *Cuanto más decimos que no a la gente exigente, más se abre la vida a perseguir nuestras pasiones y nuestra felicidad y a servir y pasar el tiempo con aquellos a los que queremos.*

Pero ¿qué haremos cuando sean nuestros seres queridos los que nos necesitan a todas horas o nos apartan de nuestro camino? Seamos pacientes con ellos, pero seamos realistas. Debemos enfrentarnos de manera hábil a cualquiera que arruine la misión del día, incluyendo a la familia. En su mayoría, esto solo significa pedir nuestro espacio durante períodos de tiempo durante el día. Es decirle a nuestro hijo: «Hijo, tu madre necesita las siguientes dos horas para centrarse en un proyecto muy importante que significa mucho para ella. Por favor, no entres en su despacho». Una vez dicho eso, solo un padre maduro impedirá que el chico entre en el cuarto; debemos mantenernos firmes. Podemos educar a nuestros hijos o a nuestros compañeros de equipo para que cuando la puerta del despacho esté cerrada, no entren a menos que sea una emergencia. Podemos pedirle con afecto a nuestro cónyuge que nos dé una hora cada noche para leer, meditar o crear arte. Podemos decir que *no* a las fiestas, las reuniones, las funciones formales a las que nos sentimos obligados a asistir. Quizá veamos expresiones hoscas y caras largas al principio, pero con el tiempo la gente se dará cuenta de que somos *personas con un fin* y nos darán espacio, sabiendo que cuanto más respeten nuestro horario, más probable es que busquemos y saquemos tiempo para estar con ellos.

Nuestro objetivo no es volvernos fríos ni inaccesibles. No, es proteger nuestra cordura, nuestro progreso y nuestra libertad. Merece la pena repetir que podemos y debemos dedicar tiempo y atención a quienes amamos y dirigimos *cuando así lo deseamos*. Ser bueno con quienes nos rodean es justo y responsable, pero nunca a costa de nuestra cordura a largo plazo ni de nuestros sueños. Además, ¿no es verdad que al decir *no* más a menudo a lo que no está bien nos queda más tiempo para prestar nuestra afectuosa atención a quienes están cerca de nosotros?

Algunos preguntan: «¿No debería comprometerme? ¿No puede haber un término medio entre nuestros deseos y las necesidades de quienes nos rodean?». Tal vez. Pero hay una diferencia entre añadir algunas tareas al horario del día para ayudar a los demás y *comprometer todo nuestro plan de vida*. Cuando se trata de renunciar a nuestras verdaderas pasiones y a nuestro camino en la vida para complacer a otros, jamás debemos comprometernos. El compromiso significa renunciar a algo, a algo a cambio de la voluntad de otro de hacer lo mismo. Pero no debemos entregar un trozo de nuestro sueño ni una década de nuestras vidas a nadie. Sí, podemos ayudarte y querer a otras personas en nuestro camino hacia la libertad personal. Pero no debemos dedicar tanto tiempo que nuestra libertad misma quede en verdadero peligro. Podemos cumplir con nuestras responsabilidades reales y cuidado hacia nuestros seres queridos, pero nuestro propio progreso no debe flaquear ni detenerse, no sea que nos convirtamos en esclavos del mundo. Si al ayudar a los demás aniquilamos nuestros propios sueños, es solo nuestro ego el que busca hacer de nosotros un falso mártir.

Debemos tener en mente la imagen completa. Un millón de sueños han muerto porque las almas en peligro repitieron la mentira de los débiles: «Me parece bien posponer mis necesidades y sueños unos años más porque la gente me necesita». ¿Haremos algo más que responder a las necesidades de los otros todo el día hasta que, a última hora, nos vayamos a la cama, agotados por la locura, sin habernos acercado un solo paso a lo que queremos en la vida, motivo por el que no dormiremos plácidamente y nos despertamos una vez más en un mundo determinado por los demás en lugar de por nosotros mismos? No, no comprometamos nuestros sueños ni intercambiemos nuestro destino hora tras hora.

> Si somos capaces de ver un sueño en la distancia,
> avancemos hacia él con verdadera fuerza, voluntad
> y firmeza.

Hacer menos que eso es dejar que el sueño se debilite y muera. Podemos apoyar a nuestros seres queridos durante un tiempo, interviniendo, ayudando, pero eso no precisa que *frenemos* por completo nuestros sueños. Todos los días podemos hacer *algo* para avanzar en nuestro plan.

Quizá también sea el momento de ver a los demás como obstáculos para alcanzar nuestros sueños, en vez de como colaboradores. ¿Nos hemos sentado con nuestros seres queridos y les hemos dicho lo que deseamos de verdad en la vida y por qué? ¿Hemos pedido a nuestros equipos que nos ayuden a dar con nuevas formas de trabajar juntos para que todos nuestros deseos puedan hacerse realidad? ¿Estamos cautivando lo suficiente a otras personas para que presten apoyo y participen en aquello que buscamos en la vida? El progreso real suele llegar a nuestra vida una vez que convertimos a las personas en aliados para conseguir nuestros logros.

La gran recuperación

Cada día tenemos la opción de ir con los deseos y caprichos del mundo o de trazar nuestro propio curso. Si abandonamos la libre determinación, quedamos a la deriva en un mar de caos, y lo único que hay en el horizonte son oleadas de tedio o sufrimiento. Y por eso nuestra actitud cada mañana debe ser que *este* es nuestro día, pase lo que pase. Si somos capaces de empezar con ese propósito, si desarrollamos lucidez y escribimos nuestro manifiesto y nuestros planes y los ejecutamos con corazón y disciplina, si nos ceñimos a ello y luchamos y mantenemos el mando, un día nos encontraremos de pronto al timón, felices, motivados y *vivos*.

Compromiso III

Vencer a nuestros demonios

> Una persona que duda de sí misma es como
> un hombre que se alista en las filas de sus
> enemigos y blande sus armas contra sí mismo.
>
> ALEJANDRO DUMAS

A medida que ganamos mayor presencia y finalidad en la vida, nos sincronizamos más con nuestra vitalidad y fortaleza. También nos volvemos más consciente de las profundas formas en que nos limitamos a nosotros mismos. Nos damos cuenta de que nuestros pensamientos, más que nuestras circunstancias, sabotean nuestra libertad y nuestro éxito. Somos nosotros quienes dejamos que nuestras inseguridades y temores crezcan en las olas de la preocupación que se llevan nuestros sueños. Somos nosotros quienes frenamos nuestro propio progreso, justo cuando deberíamos ser más atrevidos. Somos nosotros quienes nos separamos de los demás para no tener que correr el riesgo de una conexión real o para poder sentirnos mejor que ellos.

Ninguno queremos mirarnos al espejo y darnos cuenta de que la persona que vemos reflejada es la causa de semejante frustración. Preferiríamos sonreír al reflejo y estar orgullosos de su valor. Queremos vernos como dueños de nuestras propias vidas, libres y motivados. Pero un rápido vistazo a nuestros ojos cansados a menudo revela la certeza de que nos estamos interponiendo en nuestro propio camino. Con demasiada frecuencia nos vemos farfullándole al espejo: «¿Otra vez tú? ¿Por qué no puedes prepararte e ir a por lo que de verdad deseas? ¿Por qué no te arriesgas más, eres más firme, dices más lo que piensas, conectas mejor con la gente?». Son días difíciles cuando comprendemos que nuestros demonios internos nos están venciendo. Esos días tienen que acabar. Ahora.

La grandeza es de aquellos que han dominado su mundo interior. Nos asolan las dudas, pero aun así los grandes encuentran fe y comienzan. A todos nos apetece posponer la acción, pero los grandes siguen adelante. Todos queremos eludir la vulnerabilidad o actuar con superioridad hacia los demás de vez en cuando, pero los grandes demuestran amplitud de miras, humildad y amor. Estos pocos no son afortunados; simplemente son más resueltos y más expertos a la hora de derrotar a sus demonios internos. Por eso tienen tanta vitalidad, motivación y confianza, el entendimiento les llega a quienes se liberan de la propia tiranía.

Elijamos hacer de eso nuestro objetivo y erradiquemos eso que nos reprime en la vida de una vez por todas. Nos merecemos ser libres de todos esos estímulos dentro de nosotros que ponen en peligro nuestra magnificencia. Por eso, proclamamos: *venceremos a nuestros demonios*.

El enemigo interno

Es imposible luchar contra un enemigo desconocido, de modo que primero pongámosle nombre a nuestro contrincante. Dado que se interpone en el camino de nuestra propia voluntad para progresar en la vida, lo llamaremos *Resistencia*.

Para escenificar su efecto y nuestra lucha contra ella, también le daremos forma, una forma que podemos visualizar y tratar de destruir. Imaginad a Resistencia como una fea serpiente de tres cabezas que se revuelve dentro de nuestro estómago siempre que queremos arriesgarnos. Cuando esta bestia se retuerce sentimos una ansiedad en el estómago, esa desagradable sensación de que no somos lo bastante buenos o que las cosas podrían salir muy mal.

Sus movimientos hacen que nos muramos de preocupación. Hace que sintamos que somos tan débiles y desconfiados que dejamos de actuar o de conectar con los demás. Es el organismo interno que actúa en función de los más bajos impulsos de autoprotección.

Nadie escapa de la vida sin luchar contra esta bestia. Tiene en sus garras a la mujer que nunca emprende su propio negocio a causa del constante terror. Está destrozando al pobrecillo que empieza a actuar y se frena durante toda su vida, sin obtener jamás un verdadero empuje hacia sus metas. Seduce al comerciante egoísta que ve a sus compañeros como idiotas o competidores.

Cada vez que establecemos una ambición mayor, esta desagradable bestia nos corroe por dentro, desgarrando nuestra confianza y consumiéndonos, dejándonos temerosos y sin coraje.

¿De dónde procede Resistencia y cómo ha conseguido su poder? Creció a partir de las semillas del miedo que nos infundieron los tiranos del mundo; los cautos que nos enseñaron a preferir la duda a la fe, los borregos apáticos que nos enseñaron a optar por la demora antes que por la acción, el cruel que nos engañó para que eligiéramos la retirada artificial y social en lugar de la autenticidad y el deseo de acercarse. Al final todos eran lo mismo: instigadores del miedo, tiranos que sembraron las semillas del temor dentro de nosotros a una edad temprana. Los pensamientos negativos que plantaron en nuestra cabeza alimentaron a la bestia interior y ahora esta se hace más poderosa siempre que nos oímos pensar: «No soy lo bastante bueno. Será mejor que deje de hacer lo que adoro porque me tengo miedo. No soy digno de confianza ni de respeto, y tampoco lo son los demás». Los abusones del mundo pueden habernos dado estos pensamientos. Pero fue nuestro propio fracaso a la hora de frenarlos lo que dio origen a la lucha interna a la que nos enfrentamos hoy. Con nuestra propia debilidad e inacción le hemos dado su poder a Resistencia.

A medida que tomamos mayor conciencia, aprendemos a sentir a esta bestia como algo aparte de nuestra propia naturaleza. Podemos detectar cuándo se remueve dentro de nosotros, notando una repentina oleada de tensión y estrés en nuestro cuerpo. Podemos oír sus quejidos y rugidos alzarse de nuestras entrañas en pensamientos creados por el miedo; «¡No estoy *seguro*!», «¡El *momento* no es el oportuno!», «¡*Ellos* no me entenderán ni me dejarán ganar!». Podemos darnos cuenta de que estos sentimientos en nuestro cuerpo y estos sonidos en nuestra cabeza no son de nuestra naturaleza más elevada, sino de una voz interior de Resistencia, que no tenemos que seguir alimentando.

> Resistencia puede rugir cuanto quiera, pero nosotros
> podemos elegir ignorarla como haríamos
> con un perro molesto que ladra.

Puede cambiar y provocar punzadas de preocupación u odio, pero podemos calmarnos asumiendo el control de nuestros pensamientos y actos. Con práctica, podemos ejercer un control total y silenciar a este demonio interior para siempre. Si lo logramos, empezaremos a alcanzar todo nuestro poder individual.

Transformar la duda mediante la fe

Resistencia es un enemigo feroz. A fin de enfrentarnos a él, conozcamos a esta repugnante serpiente entendiendo el carácter definitorio de cada una de sus desagradables cabezas.

Imaginemos que la primera cabeza de Resistencia se parece a la de una anguila pálida y enfermiza. La percibimos como una *sensación de inseguridad* en la boca del estómago que se alza hasta que oímos una indecisa cadena de pensamientos en nuestra cabeza. Su sonido dentro de nuestra mente es un quejido agudo y familiar, como la voz de un tolerable viejo amigo que tiene nuestro oído y que lo usa solo para compartir sus preocupaciones e inseguridades. Aunque pueda parecer y sonar patético, no deberíamos subestimarlo. Su única e insidiosa función es hacer que nos muramos de preocupación para que eludamos el riesgo o el esfuerzo que la destruiría. Por estas razones, la llamaremos *Duda*.

Duda despierta cuando luchamos por algo nuevo o mejor. Reconoce que en esos momentos en los que nuestra ambición surge, su existencia misma peligra; pues si nos alzamos para lograr nuestros objetivos con confianza una y otra vez, se puede destruir. Lo único que Duda puede hacer para sobrevivir es evitar nuestra fuerza quejándose y entonando su pesimista cantinela: *No estoy nada seguro, no estoy nada seguro, no estoy nada seguro...*

De forma inevitable, sus tonos lastimeros hacen que la gente se sienta insegura. No pueden sobrellevar las constantes preocupaciones de Duda y no tardan en quedar atrapados en pensamientos negativos recurrentes. *No estoy seguro de que sea el momento de dejar mi trabajo. Quizá no sea el momento oportuno de mudarme a un lugar que me encanta. Probablemente dirá que no si le pido una cita. No creo que sea buena idea seguir mis pasiones o valerme por mí mismo.*

El momento preciso en que Duda empieza a imponerse en nuestras vidas es predecible. Tiene lugar cuando nuestros pensamientos llenos de inseguridades se convierten en palabras reales; el momento en que empezamos a preguntar «*¿Y si...?*», seguido de una afirmación negativa:

¿Y si... no funciona?

¿Y si... no puedo sobrellevarlo?

¿Y si... no soy lo bastante bueno?

¿Y si... no les agrado?

¿Y si... pierdo?

¿Y si... no puedo deshacer el camino andado?

¿Y si... se aprovechan de mí?

Estas son las preguntas de una mente contaminada por Duda, no de nuestro ser más elevado.

Es la *tolerancia* y la *repetición* de las preguntas plagadas de dudas lo que impide a la mayoría de personas llevar vidas libres y satisfactorias.

No puede haber un progreso real si no dejamos de cuestionar nuestro propio curso y capacidades. Pero el mayor daño que causa Duda no es lo que dejamos de *hacer*; es en quién dejamos de *convertirnos*. Forjamos carácter solo mediante el esfuerzo, la lucha y el aprendizaje, y no elegimos sobrellevar ninguna de esas cosas cuando Duda nos susurra al oído. Duda produce solo hombres y mujeres pequeños, asustados de su propia sombra; un mundo de aprensivos asustadizos que nunca dan el salto ni ayudan.

Así pues, ¿qué haremos?

¿Cómo se acaba con Duda?

Los grandes sabios nos han enseñado que cuando Duda nos tiene agarrados, solo Fe puede liberarnos de sus garras.

Fe es una convicción profunda, una confianza y una seguridad globales en nuestras creencias sobre lo que es verdad. La convicción proviene de la elección; elegimos creer algo y *aferrarnos a esa creencia con fuerza*, aun a pesar de tantas incógnitas. Tenemos Fe cuando podemos soportar la tristeza, el sufrimiento o la pérdida y mantenernos serenos, sabiendo que al final todo esto pasará y volverán las cosas buenas. Tenemos Fe cuando creemos en nuestra capacidad para triunfar.

Esta creencia no tiene por qué ser una sobreestimación de nuestra capacidad ni de nuestra fuerza reales. Por el contrario, la Fe más poderosa del mundo es la clase humilde que dice: «Creo en mi capacidad para *aprender* y solucionar las cosas. Con suficiente concentración, tiempo, esfuerzo y dedicación, creo que puedo aprender a hacer lo que hay que hacer y convertirme en quien debo convertirme para lograr mis sueños». Si continuamos con este tipo de Fe para aprender y vivir nuestro potencial, Duda yace febril en su lecho de muerte.

Así pues, esta noche, en la quietud y la magia de las últimas horas, cojamos nuestros diarios y escribamos todas las razones que tenemos para creer en nosotros mismos y en este mundo una vez más. ¿Qué hemos hecho ya en la vida que no sabíamos que podíamos hacer? ¿Qué razones podemos encontrar para creer que mañana será mejor y que el mundo se abrirá a nosotros? ¿Por qué continuaremos creyendo en nosotros mismos y en nuestros sueños incluso en los días difíciles? Sí, escribamos estas cosas. Obliguémonos a hacer esta actividad en apariencia sencilla. Pues al poner por escrito nuestras creencias, Fe se ve reforzada. Entonces, la próxima vez que Duda asome su fea cabeza, recuerda lo que está escrito. Recuerda en qué creemos. Sustituye sus negativas quejas por pensamientos más positivos y enriquecedores. Esto es lo que hacen quienes han dominado su mente.

A medida que elegimos a Fe una y otra vez a lo largo de nuestra vida, desarrollamos una fortaleza mental para combatir a Duda. Como si con cada disparo de convicción forjáramos un arma más poderosa y resistente, capaz de perforar todo pensamiento negativo. Cuando ejercemos dicho poder, Fe se convierte en algo que podemos asir con firmeza y blandir en momentos de necesidad y ansiedad. Nos volvemos guerreros de luz que tienen un inquebrantable sentido de la identidad y serenidad, que raras veces se cuestionan a sí mismos o al destino, que obtienen fortuna y prosperidad en todo lo que hacen porque creen que el universo favorece a aquellos que poseen un corazón comprometido y que todas las cosas se están sucediendo tal y como deberían.

Transformar la demora mediante la acción

Lo que está en juego es demasiado importante como para que Fe gane en nuestra vida. Pues si no doblegamos los devastadores pensamientos que genera Duda, despertamos a un mal aún mayor. La segunda cabeza de la serpiente Resistencia, cuyo objetivo es frenar nuestro progreso envenenándonos con pensamientos apáticos y resignados, recibe el nombre de su única y miserable misión: *Demora*.

Podemos imaginarnos físicamente a Demora como una anguila de color naranja chillón, con rostro severo y una voz atronadora que puede hacernos temblar de arriba abajo.

Si su hermana Duda engendra incertidumbre con su quejumbrosa cantinela de preocupación, Demora engendra verdadero terror. Cuando nos ataca, parece que nos hayan embestido en el pecho con la cabeza, como si de un ariete se tratara. Demora nos golpea y nos grita, sus llamadas reverberan por todo nuestro ser. *¡Espera!*, brama. *¡Para!*, grita. *¡No! ¡Por favor! ¡Para! ¡Te harás daño! ¡No estás preparado! Escucha a mi hermana Duda;*

¡el camino no es seguro! ¡No sigas! No actúes. ¡Te digo que te harás daño! ¡Te entristecerás! ¡Te avergonzarás! ¡Serás destruido! ¡Siéntate! ¡Espera o estás perdido! ¡No es el momento! La voz de Demora sube de volumen a medida que aumenta nuestra disposición a actuar.

Demora no se molesta en cortejarnos ni seducirnos; es un dictador; *para o te harás daño; espera o te arriesgas al fracaso.* Cuando se le presentan opciones tan nefastas, nuestra mente raras veces discute. Con el temor interior de que podamos sufrir daños, ser rechazados o fracasar, ¿por qué no parar? De repente, avanzar parece un suicidio y por eso nuestra mente empieza a idear ingeniosos argumentos para justificar la *inactividad.* Confiamos a ciegas en nuestra negatividad a fin de protegernos, diciéndonos cosas a nosotros mismos y a los demás como «Bueno, las condiciones aún no son perfectas para que yo empiece. Ya sabes que no se pueden hacer las cosas de forma precipitada».

Y por eso, si la vida no progresa lo bastante rápido para nosotros, Demora está ahí. Si hemos estado esperando y esperando el momento adecuado para emprender la marcha en solitario, para abordar a un amante en potencia, para buscar un puesto más alto, para iniciar un proyecto nuevo, para luchar por lo que de verdad queremos, Demora está ahí. Demora es lo que convierte a la gente de acción en gente apática e insignificante. Nada ha hecho más para que mujeres y hombres potencialmente grandes pierdan su momento que Demora.

> Saber que no hemos dicho lo que pensábamos
> cuando debíamos haberlo hecho, que no hemos
> trabajado, que no hemos luchado cuando debíamos
> haberlo hecho, que no hemos amado, que no
> hemos vivido cuando debíamos haberlo hecho:
> es la desgracia de la inactividad de la humanidad,
> es Demora celebrando una victoria sobre nuestra alma.

De modo que puede decirse que Demora es el peor de dos males; ha destruido más sueños de los que jamás podrá destruir Duda.

Pues aun estando Duda despierta y aquejando nuestra alma, al menos podemos actuar con valor y rapidez cuando estamos en nuestras mejores condiciones. Pero no podemos actuar ni actuaremos si Demora dirige nuestra conciencia.

Pero hay esperanza. Siempre la hay. Igual que Duda tiene su antídoto, Demora también lo tiene. Los venenos del miedo, la apatía y la indolencia difundidos por Demora se pueden eliminar con el antídoto de Acción. Cuando tomamos la iniciativa a pesar de los deseos inventados de esperar por causa del miedo, cuando descolgamos el teléfono para realizar una llamada importante, nos acercamos a la mesa para hablar con un guapo desconocido, o nos inscribimos en ese curso nuevo, corremos ese riesgo; todas estas cosas lanzan una oleada de energía que subyuga nuestros impulsos más sumisos. Cuando actuamos con decisión nos libramos de Demora.

> El destino otorga su favor a aquellos que actúan, recompensándolos con el éxito y un reconocimiento heroico en la vida.

¿No es cierto que no tendríamos héroes si, en el momento en que fueron llamados a la acción, hubieran decidido esperar? Toda grandeza titubea en cuanto a si un héroe vence el terror y *avanza de todas formas*. El deportista olímpico que se tropieza en la carrera y se levanta y da alcance al grupo, el espectador al que le dan miedo las aguas revueltas pero se lanza para salvar a la chica que se ahoga, el soplón que sabe que lo van a despedir por revelar un error pero que lo hace igualmente. *El heroísmo actúa para hacer cosas importantes aun cuando tenemos miedo.* La cobardía actúa conforme a nuestros temores cuando nuestro corazón desea ver que nos comportamos con más nobleza y valor.

La esperanza de la humanidad radica en que Acción supere el miedo y la apatía. Que tanto esperar a que todo sea perfecto, tanto inventar excusas para justificar por qué posponemos nuestros sueños, tantas tonterías sobre por qué no merecemos se queden ahora en el camino. Que Acción venza nuestras dudas.

Debemos hacer las cosas que hemos pospuesto y que más temememos hacer y debemos hacerlas ya. Sentémonos cada noche y confeccionemos una lista de cosas que hemos estado posponiendo en nuestra vida. *¿Qué nos queda aún por empezar?* ¿Dónde detuvimos nuestro paso a causa de Demora y qué hemos de hacer para coger de nuevo la antorcha del progreso? Tener interés por este tipo de cuestiones nos hace hombres y mujeres fuertes. Tener un plan y llevarlo a cabo para progresar en la vida, a pesar de nuestro terror interno, nos convierte en leyenda.

Transformar la separación con amor

Si la preocupación y la espera no fueran bastante desgracia de por sí, la tercera cabeza de la serpiente Resistencia actúa con el fin de garantizar el sufrimiento. Esta nos inocula el veneno de la separación, haciendo que nuestra sangre y nuestra conducta se congelen. Nos hace distantes, intolerantes, o nos llena de odio hacia otras personas. Nos infla el ego para sentirnos distintos a los demás, más especiales, más fuertes o más débiles que ellos. Este demonio tiene más confianza en sí mismo y es más siniestro que sus hermanos. Imaginémoslo como la cabeza de una serpiente negra sin ojos. Su objetivo es hacer trizas nuestra humanidad volviéndonos ciegos a lo bueno que hay en los demás. Lo llamaremos *Separación*.

Separación ataca a nuestro corazón y es la razón de una sociedad enferma. Siempre que nos negamos a sentirnos vulnerables y afectuosos hacia otra persona, Separación está en acción. Y siempre que sentimos que todos los que nos rodean son idiotas, deficientes o indignos de confianza o respeto, se trata una vez más de Separación. Toda nuestra preocupación e intolerancia social la origina Separación; esa soledad, esa desconexión, temor o ira hacia otros es resultado de sus venenos corrompiendo nuestra mente y nuestra humanidad.

Como Separación carece de empatía o simpatía hacia los demás, su victoria definitiva se da cuando ya no vemos humanidad en los demás; cuando objetamos, deshumanizamos, desestimamos o ignoramos el valor y los derechos de otro individuo. Su forma más desagradable es la causante de las guerras, las violaciones, la brutalidad y las manchas más oscuras de la historia de la humanidad.

En la vida cotidiana, este demonio es más visible cuando provoca nuestra impaciencia, desprecio y retraimiento. Sus toxinas nos hacen sentir altruistas y pretenciosos, como si debiéramos vivir por encima y aislados de los demás; como si fuéramos de algún modo más especiales que nuestros hermanos, hermanas, amigos y socios. La crítica, el ser puntilloso, el menosprecio y la cólera se convierten en nuestras herramientas para relacionarnos con aquellos que percibimos más fuertes o más débiles que nosotros.

También podemos sentirlo con facilidad cuando nos volvemos críticos o no podemos sentir amor por otras personas ni sentirnos en comunión con ellos. Se trata de la madre con una hija extraordinaria que solo ve sus defectos, del jefe impaciente que piensa que todo el mundo es estúpido y lento, del hombre que nunca ama porque piensa que es demasiado raro y diferente de la norma.

> El veneno de Separación es un veneno antisocial
> que corre por nuestro ser y nubla la inteligencia innata,
> emocional, social y espiritual que, de otro modo, nos
> llevaría a conectar de manera universal con los demás
> y con el amor.

Separación, pues, es la gran destructora de nuestras relaciones, la generadora de todos nuestros males sociales y la causa de nuestra indiferencia y distanciamiento hacia los demás.

Aunque encontremos la fuerza interior y la resolución para desterrar a Duda y a Demora de nuestras vidas, nuestro destino seguiría fracasando si dejamos que Separación se salga con la suya. Sin interés y conexión social, hasta Fe y Acción pueden corromperse y volverse inadecuadas. Se trata del hombre seguro de sí mismo y con éxito, que acaba solo y arrepentido, triunfador en logros, pero con un rastro de matrimonios y amistades fallidas. Lo vemos en la historia de la mujer que, en vez de encontrar hermandad, encuentra celos y amarguras entre sus iguales. El niño que se cierra, se vuelve violento y acaba en prisión porque no podía encontrar conexión ni compasión hacia los demás.

¿Qué se puede hacer?

> Debemos inyectar en nuestras vidas el antídoto más potente conocido por la humanidad, la cura de todos los males y sufrimientos, el plato divino que acelera toda recuperación y alimenta la esperanza, la fuerza y la alegría de toda la humanidad: AMOR.

Amor es el antídoto de Separación. Su afectuoso propósito fluye por nuestras venas e inunda los abismos que nos separan, borrando del mapa los deshechos del juicio, la ira y el odio. Cuanto más abrimos sus compuertas, más poder tenemos. Al abrirnos al amor, todas las sustancias químicas de la maldad y la discordia se limpian, y la serpiente interior de la soledad, juntos con ellas.

¿A quién hemos estado evitando o tratando mal por culpa de Separación?

¿Qué partes de nosotros mismos hemos ignorado por miedo a que nos juzguen demasiado diferentes, indignos u odiosos?

Debemos ser lo bastante conscientes como para responder a dichas preguntas y lo bastante maduros como para buscar la solución. Por fortuna, Amor está en nuestra naturaleza y es el recurso más abundante del universo, pues crea y vive en todas las cosas. Lo único que debemos hacer ahora es dejar que regrese a nuestras vidas y encauzarlo hacia los demás.

A diferencia de Fe y de Acción —ingredientes que cobraron vida por decisión nuestra—, Amor vive *dentro* y *más allá* de nosotros. Amor está en todas partes, es el hilo cósmico de lo divino, entretejido en todo lo que vemos y sentimos. Cuando aprendemos a seguir y tirar de esta hebra común, reconocemos la unidad de la que todos formamos parte. Entendemos que todos estamos hechos de la misma pureza, luchamos contra los mismos demonios y marchamos por nuestro propio camino hacia nuestra propia libertad, todos regresando de nuevo al Amor.

Amor completa nuestra curación. Podemos tener toda la Fe y Acción del mundo, pero sin Amor no hay fuerza. Amor es el que da a Fe sus poderes puros y divinos, el que hace que seamos valientes, que actuemos de forma que jamás lo haríamos por nosotros mismos.

Cuando Amor surge en estado puro de nuestro corazón, vence al último impulso de Resistencia.

Amor siempre es la cura definitiva y más completa para nuestros demonios interiores.

La espada del valor

Ahora conocemos a Resistencia y sus tres cabezas de serpiente:

Duda cuestiona nuestra valía y nuestro proceder.

Demora engendra indolencia.

Separación cierra la mente y el corazón.

En una criatura encontramos la causa de la mayoría de la miseria humana; *pues es la falta de certeza, de actividad y de humanidad lo que hace descarrilar nuestro destino.*

Sería ingenuo creer que algún día podremos derrotar a Resistencia de una vez por todas. Aunque la derrotemos en los momentos más cruciales de nuestra vida —*y eso es algo que tenemos que hacer*— seguiría volviendo. Resistencia es una mala hierba dañina plantada en nosotros por una sociedad siempre enferma, que a menudo germina gracias a nuestra propia inseguridad y abandono. Crece rápido y no deja de aparecer, lanzando sus zarzas y tallos a través de nuestra vida. El único método seguro de erradicación es nuestra firme perseverancia en arrancarlos de raíz. Es una tarea con la que debemos comprometernos y luego comprometernos de nuevo a diario. Por fortuna, sabemos que somos capaces de combatir a Resistencia con Fe, Acción y Amor.

De igual modo que hemos dado forma a Resistencia, podemos hacer lo mismo con nuestra arma para combatirla. Imaginemos nuestra única arma necesaria contra nuestros terrores interiores como la Espada del Valor. Es una espada de sólido acero forjado a partir de ese excepcional triunvirato; una fuerte empuñadura hecha de Fe, una indestructible hoja de Acción por un lado y de Amor por el otro. Recordemos esta imagen de Valor la próxima vez que Resistencia se oponga a nuestro progreso y usémosla para vencer al enemigo. Los momentos en que somos capaces de blandir Valor son los que se convierten en los más cruciales de nuestra vida.

Todas las personas extraordinarias de la historia, todos los héroes, líderes e innovadores que iluminaron el camino de la humanidad para salir de la oscuridad y la ignorancia, forjaron dentro de sí el valor para derrotar sus conflictos internos cuando era más vital. En muchos sentidos, eran iguales que nosotros: se preocupaban. Dejaban las cosas para más tarde. A veces tenían mala opinión de sus congéneres, los seres humanos. Pero lo que los hizo famosos, lo que hizo que la sociedad avanzase, lo que alumbró su leyenda fue su voluntad de vencer dichos impulsos y luchar con *fe*, con *amor* y *de forma activa* por una vida mejor para ellos mismos y para los demás. Aprendamos de ellos, dominémonos a nosotros mismos y añadamos ahora otro capítulo de valor al buen libro de la humanidad.

Compromiso IV

Avanzar con paso firme

Los cobardes mueren muchas veces
antes de su verdadera muerte;
Los valientes saborean la muerte
una sola vez.

WILLIAM SHAKESPEARE, *Julio César*

Cuando vencemos al miedo y derrotamos nuestros demonios internos, debemos recalibrar toda nuestra actitud hacia el progreso. La nuestra debe convertirse en una vida de acción valiente y progreso perpetuo.

La mayoría de las personas del mundo no avanzan a la velocidad a la que son capaces de hacerlo. No han buscado el dominio de sí mismos y por eso carecen de poder individual para dirigir sus energías. Pensar de forma errónea y una voluntad débil les impide intentar alcanzar sus sueños. Es como ver a un guepardo caminar perezosamente toda su vida, sin acelerar ni alcanzar la vertiginosa velocidad de la que son capaces.

Para reclamar nuestro poder debemos buscar un cambio inmediato en lo influyentes que podemos ser a la hora de moldear nuestra realidad. Debemos entender que nada en la vida, incluyendo nuestras circunstancias o potencial, está escrito en piedra. Por el contrario, debemos creer que podemos moldear la realidad según nuestras preferencias, creando la vida que deseamos mediante el aprendizaje disciplinado y la iniciativa. No debemos esperar permiso ni el momento perfecto por más tiempo. Por el contrario, debemos ser valientes y autosuficientes, avanzando de inmediato. Debemos ver la lucha como algo positivo y necesario para nuestro crecimiento y capacidad de innovar y servir. Y debemos saber que todo lo que necesitamos está disponible en el ahora; hay prosperidad en este mundo y todo lo que necesitamos para empezar la gran búsqueda hacia una vida libre y satisfactoria ya está dentro de nosotros. Si vivimos según estas creencias, alcanzaremos niveles de motivación y felicidad inimaginables por las asustadizas masas.

Nuestro reto es que nos han condicionado para creer lo contrario; que las medidas audaces o el avance rápido son en cierto modo peligrosos y temerarios. Pero cierto grado de locura y temeridad es *necesario* para avanzar o innovar cualquier cosa, para realizar cualquier aportación nueva, notable o significativa. ¿Qué empresa extraordinaria se ha logrado sin un poco de temeridad? Se requiere de esa supuesta temeridad para que suceda lo extraordinario; cruzar océanos, abolir la esclavitud, enviar al hombre a la luna, construir rascacielos, descodificar el genoma humano, emprender nuevos negocios e innovar toda la industria. *Es* temerario intentar algo que nunca se ha intentado, ir en contra de la tradición, comenzar antes de que todas las condiciones sean buenas y los preparativos, perfectos. Pero el audaz sabe que para ganar uno debe primero *empezar*. También comprende a fondo que cierto grado de peligro es inevitable y necesario si ha de haber una verdadera recompensa. Sí, cualquier inmersión en lo desconocido es temeraria, pero ahí se encuentra el tesoro.

Por desgracia, hasta las conversaciones inteligentes sobre el éxito hoy están envueltas en consejos restrictivos. ¿Cuánta gente ha perdido todas sus grandes ambiciones por el cambio y la grandeza siguiendo el consejo de los «realistas» y abanderados del orden establecido, que nos dicen que establezcamos objetivos seguros e «inteligentes»? Pero los objetivos inteligentes casi siempre acaban siendo objetivos pequeños, por completo predecibles y planes moderadamente pequeños para gente pequeña que necesitan certeza y seguridad hasta tal punto que no pueden adentrarse en el amplio territorio de lo desconocido, donde habitan la visión y el progreso verdaderos. Ninguna gran innovación o avance humano provino de un camino predecible o de una idea que fuera alcanzable en el acto ni realista. Es raro que ese tipo de objetivos siempre desate la imaginación o el fuego de la voluntad del espíritu humano.

Vivimos en una cultura inundada de tareas y hojas de cálculo y planes de trabajo que no inspiran corazón, ni empuje, ni coraje. Si queremos un verdadero cambio y una vida propia, bajo ningún concepto debemos permitirnos conformarnos con una visión, una vocación o un cambio en ningún aspecto provocados por la opinión popular en contraposición a nuestro propio corazón. Una persona libre de verdad no teme llevar a cabo un deseo que sea desenfrenado y que incluso le asusta un poquito, algo que exigirá lo mejor de sí misma, que podría inquietarle, pero que la saca de su propia órbita y la lleva a la estratosfera de lo extraordinario.

Nuestro destino depende de una disposición para las iniciativas audaces. Obtenemos poder al permitirnos una y otra vez elegir la clase de temeridad que nos hace ser vulnerables, auténticos y valientes a la hora de perseguir nuestros sueños. Cuando nuestro corazón anhela la acción y el crecimiento, no deberíamos preocuparnos demasiado por lo que la sociedad dice que es posible o prudente. Juzguemos por nosotros mismos aquello por lo que merece la pena arriesgarse. Decidamos dar nuestros primeros pasos sin saber cómo saldrá el viaje. Si eso nos define como temerarios y locos, aceptemos ese destino y celebremos el hecho de que no seamos cobardes. Por eso, proclamamos: *avanzaremos con paso firme.*

La realidad es flexible

Este poder empieza por desarrollar una *disposición* para el verdadero impulso.

La primera señal de dicha disposición es creer que *la realidad es flexible a nuestra voluntad.* Aquellos que carecen de esta creencia nunca avanzan con verdadero poder y constancia.

La gente libre y valiente no elude sus circunstancias actuales, sino que las consideran temporales. Para quienes son autosuficientes, la realidad no está escrita, sino que es más bien caprichosa y moldeable. Ven toda su existencia como algo que se puede moldear y mejorar enormemente y con lo que se puede jugar. Nada que existe hoy debe existir para siempre. Nuevas ideas y nuevos mundos pueden reemplazar todo lo que se conoce. Su único compromiso es crear el futuro que han imaginado para sí mismos y para sus seres queridos.

Los grandes dicen: «La realidad se puede moldear y cambiar mediante la acción directa, y por eso yo actuaré con constancia para forjar mi vida ideal». Para ellos, su *visión* vence a la realidad; sus sueños tienen más peso que sus circunstancias porque saben que estas se pueden alterar con suficiente sudor, esfuerzo y dedicación.

Las víctimas y los derrotistas toman un punto de vista diferente. A menudo piensan que su realidad es inamovible, que está determinada por otros ajenos a ellos, y es inmutable. Para ellos, la realidad es lo único que hay. Se dicen a sí mismos: «El mañana está condenado a ser igual que hoy y que los días que se sucedieron antes de hoy. No hay nada que pueda hacer al respecto; esta es mi realidad. Es como es y siempre lo será. Hoy es solo algo por lo que pasar». Lo que les importa es sobrevivir a la vida, no moldearla.

Consumidos por la creencia de que nada cambia, estas personas no tienen motivo para actuar ni avanzar. Tampoco tienen grandes visiones para sí. ¿De qué serviría? Ellos piensan «Bueno, si nada puede cambiar, me conformaré con lo que las circunstancias aleatorias me deparen». Quienes tienen esta actitud parecen haberse perdido la gran señal con la que todos deberíamos habernos cruzado en nuestro camino hacia la madurez:

ERES RESPONSABLE DE TU REALIDAD.

DECIDE LO QUE QUIERES DEL MUNDO
Y CONSIGUE QUE SE HAGA REALIDAD.

SIN LUCIDEZ, NO HAY CAMBIO;
SIN OBJETIVOS, NO HAY CRECIMIENTO.

En definitiva, aquellos con almas tristes que creen que la realidad no se puede moldear hacen muy poco en la vida y por desgracia los declararán débiles, irresponsables y fáciles de olvidar.

Si algo ha demostrado la naturaleza y el progreso de la humanidad, es que ese cambio real es posible e inevitable, y que si lo encauzamos a mejorar nuestra vida y nuestra especie, es nuestra salvación.

Metámonos esta verdad en la mente y preguntémonos: «¿Qué me gusta y me desagrada de mi realidad? ¿En qué áreas de mi vida he estado ocupando un segundo plano, con la esperanza de que mejoraran, pero sin conseguir cambiar mi realidad? ¿Qué tendría que cambiar... no, qué tendría *yo* que cambiar... para sentirme más involucrado, entusiasmado y satisfecho con mi vida?». Estas sencillas cuestiones tienen el poder de volver a conectarnos con nuestra vida y, por último, con nuestro poder.

La acción es la medida del carácter

Mucha gente no salta nunca al océano de sus sueños porque sienten que deben tener cada posible respuesta antes de hacerlo. Preguntan: «¿En qué dirección sopla el viento? ¿Cuántos segundos transcurren hasta tocar el agua? ¿Cuántas veces hay que tomar aire hasta zambullirme? ¿Va a saltar alguien más? ¿Cuántos han saltado antes? ¿Cuántas brazadas son hasta la orilla?».

Son preguntas razonables, pero algunos jamás darán el salto, con independencia de las respuestas. Incluso disponiendo de evidencias aplastantes que garantizan que dar el salto es seguro, y por muchos nadadores que hayan realizado esa vivificante zambullida, los apocados encontrarán algo malo en su búsqueda, una señal certera de que dicho salto es un descenso condenado al fracaso. Estas personas buscarán una razón por la que no pueden lograr sus sueños, sin importar cuántas personas a su alrededor hayan logrado realizar los suyos.

Una abrumadora mayoría tampoco traspasa nunca la línea entre recoger información y pasar a la acción. La suya es una vida de infinita contemplación, de esperar el conocimiento absoluto y las condiciones perfectas, nada de lo cual sucede jamás. Por lo tanto, están destinados a ser observadores, no maestros.

Sin realizar un intento real, sin probar ni luchar, no puede haber verdadero conocimiento ni progreso, no puede haber un gran logro ni leyenda.

Quienes avanzan lo hacen porque valoran la acción en sí. Sienten que el empuje positivo, el progreso, es un reflejo de su *carácter*; y por eso se enorgullecen y obtienen satisfacción con actos que lleven a ese fin. Piensan: «No estoy adoptando medidas significativas enfocadas hacia el avance y el progreso en la vida, no me siento demasiado feliz, involucrado, triunfador ni entregado». A nivel psicológico, es mucho lo que hay en juego en base a su sentido de proactividad, crecimiento y progreso en la vida. Eso no significa que el fracaso ni los momentos pausados de la vida los destroce; solo significa que prefieren avanzar y crecer.

Recordemos que la humanidad debe medirse solo por sus actos, no por las intenciones. *Lo que intentamos carece de importancia cuando se juzga nuestro carácter o se estima nuestra felicidad.*

Solo la acción revela el verdadero yo.
Solo la acción nos lleva al dominio.

Solo la *acción* nos permite crear, crecer, conectar, aportar, alcanzar nuestro yo más elevado y remontarnos a la brillante estratosfera de la grandeza. Todo lo demás es mero pensamiento, y existe una diferencia entre la intención y la iniciativa. Dicha diferencia no resulta más evidente que en el amor. Podemos tener la *intención* de amar a otros, pero sin iniciativa, sin verdaderos actos de respeto, cuidado y afecto por la otra persona, la intención por sí sola resulta inútil, carece de alma. *Pensar* no es amor; *dar* sí lo es.

A nivel individual, no podemos estimar quiénes somos sin examinar nuestros actos. Ni siquiera sabemos lo que valoramos de verdad sin la acción, pues nuestros valores son más que los pensamientos; los valores son nuestros ideales en movimiento, demostrados mediante nuestra interacción con los demás.

Todo lo que queremos sentir en la vida —felicidad, dicha, satis-facción, éxito, amor— solo se puede sentir gracias a nuestros actos. No podemos limitarnos a pensar en ser felices sin hacer nada que nos haga sentir felicidad. Imaginad la felicidad: solo se percibe cuando hemos hecho lo que nos parece que nos hará felices; aun-que eso signifique sentarnos sin más, cerrar los ojos y practicar la gratitud. El acto de pensar en la gratitud es una acción que genera felicidad. Somos felices solo si estamos haciendo aquello que nos parece gozoso. Estamos satisfechos solo si hemos hecho aquello que nos satisface. Nos queremos a nosotros mismos solo si senti-mos que merecemos amor por cómo nos tratamos a nosotros mis-mos y a los demás. Quizá algunos llevan esto demasiado lejos y convierten el hacer cosas en su única vara de medir. Pero no cabe duda de que muchas personas no hacen nada y por eso son infeli-ces. Sí, podemos centrarnos solo en ser, pero ¿acaso *ser* no es una acción en sí misma? Relajarse es una acción. Meditar es una acción. Soñar es una acción. Estas cosas nos producen las emociones que deseamos.

Nuestros actos son, además, una medida social fiable del verda-dero carácter. Cómo actúa la gente de forma regular con nosotros y con los demás nos proporciona la información que necesitamos para juzgar sus valores, sus objetivos y si son dignos de nuestra con-fianza e interés. Tratar de estimar el carácter de alguien sin otra cosa que sus actos es como adivinar qué hay en el fondo de su co-razón y su mente, y eso solo nos lleva a conjeturas y dramas. Pero la acción nos dice lo que necesitamos saber. No debemos confiar en un hombre que dice que es benevolente, pero que nunca ha de-mostrado su benevolencia hacia otra persona. No debemos creer a una mujer que dice «Te quiero», pero que actúa de forma cruel y sin Amor. Cuando el momento requiere la *acción* y una persona no actúa, sabemos que, en el mejor de los casos, es perezoso, y un co-barde en el peor. A quienes actúan con crueldad se les considera crueles; a quienes actúan de manera estúpida, se les considera ton-tos. Y de ese modo globalizamos la personalidad de un individuo en base a una tendencia hacia el progreso; a quienes no avanzan en la vida se les llama lentos, reprimidos, perezosos y fracasados. Sin juzgar si es algo bueno o malo, y si acertamos o nos equivocamos, el progreso es la vara de medir que usamos con los demás.

A nivel cultural, el progreso va aparejado a la gente tenaz y motivada por la acción. Hemos recibido nuestras libertades gracias a los actos de generaciones anteriores que lucharon para hacer aportaciones que fueran más allá de ellas mismas. Hoy en día, la medida del progreso se usa para estimar la salud de todas las sociedades y países. Aquellos que no avanzan en las áreas de salud, economía, tecnología y libertad se consideran retrógrados, arcaicos e irrelevantes, los regímenes marchitos que se dejan llevar por la tradición hasta que el poderoso viento del progreso los destruye.

Si las *acciones positivas* son la medida definitiva por la que juzgamos nuestra vida y nuestro mundo, incorporémoslas a nuestro conocimiento diario y a nuestros objetivos.

> Recordemos que cuando emprendemos la acción,
> una fuerza invisible nos rodea, trayendo oportunidades
> que se amoldan a nuestro objetivo, proporcionándonos
> un impulso hacia nuestra libertad.

Y por eso tengamos el valor de enfrentarnos a nosotros mismos y preguntar: «¿Estoy tomando medidas lo bastante audaces y significativas a fin de avanzar en mi vida y alcanzar todo mi potencial? Si no tuviera miedo y actuara como mi mejor yo, ¿qué estaría haciendo para progresar en la vida? ¿Qué pasos he de dar *hoy* y *esta semana* para empezar a prosperar *de forma drástica* en mi salud, mi carrera, con mi familia y hacia mi objetivo?».

El permiso no es necesario

Quienes no logran avanzar en la vida suelen ser inmaduros. Dependen en exceso de otros para su cuidado, felicidad y éxito, y por eso creen que otras personas deberían ayudarles a tomar sus decisiones o aprobar sus planes y actos. Siguen queriendo que papá y mamá les señale el camino y les den su aprobación en cada uno de sus vacilantes pasos. Quieren que sus profesores les brinden sonrisas y suerte. Quieren que sus amantes y amigos, que sus jefes y compañeros de trabajo, que su iglesia y su cultura aprueben sus actos y que sean sus animadores constantes. Y en cuanto no reciben apoyo positivo que les inste a seguir adelante, se paran. Si no reciben algún tipo de permiso para ser ellos mismos o para perseguir sus sueños, no toman ninguna medida. Están atrapados por el miedo a la crítica y el abandono. Un vistazo de cerca a sus vidas revela una tendencia a estar siempre esperando recibir permiso y aprobación por parte de los demás, como un adolescente que espera permiso para salir. Ese es su eterno estado de vida: *esperar la aprobación de los demás.*

A los grandes hombres y mujeres les importa un bledo contar o no con la aprobación de alguien.

Raras veces buscan el permiso del mundo
porque saben que las masas ligadas a la mediocridad
jamás aprobarán nada que rompa con las convenciones
o que se asemeje a la audacia y a la magia.

Saben que la sociedad tiene una perdurable desconfianza hacia los inconformistas; solo, claro está, hasta que el inconformista acumula riqueza, poder y prestigio. Las grandes personas son sinceras con la gente en cuanto a lo que quieren y a por qué lo quieren, y si los demás critican o juzgan sus ideas, aceptan las críticas útiles, descartan el resto y siguen adelante. Cuando la gente se disgusta o pregunta «¿Quién te crees que eres?», los valientes responden con entereza y rapidez para defender y luchar por sus sueños. No limitan su visión en base a cuánta gente les aprueba. La creencia de que los demás no tienen que darles permiso es palpable en su vida. Emprenden tareas, proyectos e iniciativas sin el permiso de nadie una y otra vez. No necesitan un certificado, una carta de aprobación o una sonrisa satisfecha de ningún cuidador. Ellos se *mueven.*

Recordemos esta triste aunque firme verdad: el único permiso que otorga la sociedad es el permiso para seguir sus normas y tradiciones. Nadie nos dará permiso para avanzar con rapidez porque temen que los dejemos atrás o que les pongamos en evidencia por aferrarse a un mundo cuya relevancia ya se desvanece. Sabiendo esto, lo único que podemos hacer en cuanto tenemos una idea para progresar es compartirla de forma abierta con la gente, consultando fuentes inteligentes que podrían hacer que nuestro camino sea más exitoso. Pero no debemos esperar aprobación eternamente; reúne información y adelante, adelante con rapidez.

El escollo común es que todos deseamos obtener permiso de aquellos en quien confiamos y a quien queremos. ¿Qué ocurre con la mujer que quiere mudarse a otra ciudad para perseguir sus ambiciones de carrera, pero se enfrenta a una pareja que no la apoya? Al igual que sucede con todas las cuestiones sobre relaciones, no hay una respuesta sencilla. Solo nos cabe esperar que, aunque se comprometa por un período de tiempo, al final ella continúe de algún modo siguiendo sus sueños. Ha de encontrar un modo de honrar sus deseos de amor *y* de crecimiento.

Debemos prever que tomar medidas que no cuenten con la aprobación de los demás sembrará la discordia. A la gente no le gustará nuestra valentía. Tildarán nuestra lucha de locura. Habrá tristeza y resistencia por parte de algunos que nos ven avanzar sin su permiso o sin *ellos*. Esta es una realidad a la que han de hacer frente quienes pretenden hacer realidad sus sueños y su potencial.

¿Elegiremos las opiniones y la aprobación
de otras personas antes que los verdaderos
deseos y el crecimiento de nuestro corazón?

La respuesta a la pregunta dictará una gran parte de la alegría y la satisfacción que sentiremos en la vida.

Quizá sea hora de recordar que un poder superior nos otorgó todo el permiso que necesitamos para seguir a nuestro corazón. El universo, la madre naturaleza y Dios nos dieron poder. No es nuestra obligación renunciar a ello dejando que nuestras elecciones las dicten otros.

La prosperidad está a mano

No hay tiempo suficiente. No hay recursos suficientes. La economía es mala. Ya nadie lo consigue. No hay suficiente para todos. Estos son los gritos de quienes están ciegos a la abundancia del universo. Todos los que han obtenido grandes victorias en la vida han descubierto que *todos los recursos que se pueden ganar están en nuestro interior* y que casi todo el conocimiento necesario para triunfar se adquiere *después* de la acción.

Unámonos y recordemos estas verdades: no necesitamos más tiempo, necesitamos una razón de más peso para actuar de forma que empleemos el tiempo de modo más eficaz. No tenemos que esperar más recursos; tenemos que actuar y descubriremos que la abundancia viene a nosotros. No tenemos que esperar a que se den las condiciones perfectas; descubriremos la perfección en el progreso. No tenemos que pedir para recibir; tenemos que dar para recibir, ya que al dar nos damos. No podemos esperar asustados a que todo nos caiga encima; solo recibiremos cuando nos levantemos y marchemos, pues el destino presta sus oídos a quienes no temen. Estas verdades conforman la actitud dispuesta y de abundancia necesaria para avanzar en la vida.

Los triunfadores de este mundo a menudo son personas que empezaron desde cero. Aunque tenían recursos limitados, empezaron de todas formas. Emprendieron negocios y carreras no porque fueran afortunados, sino porque creyeron que todo lo que necesitaban para triunfar se cruzaría con sus actos. Sabían que avanzar significaba atraer la atención, las recompensas y las inversiones. Creyeron en la abundancia.

Compara esta actitud con la de aquellos movidos por la escasez. Dado que creen que nunca hay suficiente, nunca pasan a la acción. El emprendedor que no puede imaginarse convirtiéndose en rico opta por no llevar a cabo sus ideas. El ejecutivo que cree que el pastel siempre será demasiado pequeño se niega a orientar a otros porque se sentirá amenazado si esas personas progresan. El líder de una nación que teme que otros tomen más de lo que dan, cierra sus fronteras o limita su política comercial. Con una mentalidad de escasez, toman decisión tras decisión para protegerse a sí mismos, para demorar, limitar, robar y parar.

Que la noción de carestía nos abandone por completo. Todo lo que necesitamos lo llevamos en abundancia en el interior y atraeremos todas las cosas buenas cuando actuemos de acuerdo con nuestros sueños. Solo necesitamos nuestra propia visión, voluntad, iniciativa y disciplina para comenzar; estas cosas jamás escasearán a menos que decidamos abandonarlas.

El éxito es positivo y necesario

Quienes avanzan en la vida lo hacen porque ven el progreso —y sus consiguientes logros, éxito, influencia y poderes— como algo positivo y *necesario*. Los destinados a estar en los márgenes de la vida a menudo creen de forma errónea que el éxito y sus poderes resultantes sin duda deben corromper.

No podemos insistir lo suficiente en esto, así pues prestémosle mucha atención; los desafortunados esperan que los resultados del progreso sean negativos aunque no son conscientes de ello. En secreto creen que toda esta lucha hacia el éxito sin duda debe llevar a un infierno en la tierra donde la virtud cede ante el vicio, donde tendrán que traicionar sus valores o comprometerse. Creen que el éxito y el poder deben corrompernos; que seguramente los amigos y la familia han de dejarse al margen cuando uno prospera; que el amor por el dinero sustituye al amor por el sentido; que el éxito genera egoísmo; que nunca hay satisfacción, solo la constante avidez de conseguir más; que cuanto más alto subimos, más solos y tristes nos volvemos. Creen en cientos de formas tristes y desinformadas en que el éxito debe destapar solo fruta amarga.

¿De dónde salen esas opiniones?

Primero, estas suposiciones proceden de una mente ignorante cegada por la escasez y los celos. Es triste pero cierto; entre nosotros hay gente de mente estrecha a la que le desagrada, desconfía o detesta a quien triunfa en la vida porque creen falsamente que para que alguien gane sin duda otro debe perder. También hay personas insignificantes que de verdad le desean el mal a quienes triunfan, solo porque no quieren que las dejen atrás ni que las olviden mientras que aquellos que les rodean triunfan, crean más riqueza o se vuelven más influyentes. Ver a otros que están triunfando más que ellos hace que se sientan muy incómodos y furiosos. Les obliga a mirarse en el espejo y a darse cuenta de que puede que tengan menos suerte, menos oportunidades o menos talento innato que otros. Es posible que la culpa surja cuando llegan a la conclusión de que tienen menos empuje, menos disciplina y menos iniciativa. Entonces aparecen los remordimientos, surgen las excusas y bulle la ira, y todo conduce al victimismo y la repulsa hacia quienes parecen felices y con éxito.

De dicha escasez e inseguridad surgen las creencias estrictas y erróneas que aquellos que tienen poder son por fuerza malvados y corruptos y que de algún modo todos «aquellos» que tienen más éxito que nosotros deben estar conspirando para frenarnos. Quienes están cegados por estas suposiciones no pueden ver su propia responsabilidad por su realidad ni las oportunidades al alcance de toda la gente.

Esto no quiere decir que no haya fuerzas poderosas en el mundo que son opresivas, como la tiranía política, la corrupción económica y los irresponsables que ejercen el poder. Pero incluso en dichos extremos, debemos ser responsables de nuestras reacciones a tales injusticias y de nuestras ambiciones y actos más allá de realidades tan poco frecuentes. A pesar de cualquier clase de represión, ¿no debemos seguir siendo dueños de nuestras vidas, trabajar duro, luchar y buscar sin demora nuestra libertad personal? ¿No hay millones de historias de hombres y mujeres que salieron de la nada, se sobrepusieron a sus circunstancias, rompieron su techo, se convirtieron en capitanes de su destino y cruzaron mares imposibles a pesar de todos los obstáculos? La tiranía y la maldad no son excusas para limitar nuestra visión para nuestras vidas.

Debemos ser muy cuidadosos. Creer en forma alguna que todos aquellos que tienen éxito y poder son malos, indignos de confianza, odiados —y que nosotros mismos nos habríamos vuelto malos si tuviéramos el mismo éxito y poder— es desesperado, ignorante y peligroso. Estos pensamientos destruyen nuestra motivación y progreso en la vida.

Primero, quienes *odian* a la gente con éxito como grupo, a menudo es por rencor, sin causa, *pues el odio nunca puede tener lógica.* Es más, la mayoría de los que odian a alguien lo hacen por prejuicios ignorantes, fruto de creencias basadas en el miedo más que por alguna experiencia real con aquellos a los que odian. *Es un hecho curioso que quienes odian a la gente con éxito no conozcan a casi nadie con éxito.*

Nuestras creencias acerca del éxito y la riqueza determinan lo que buscamos en la vida y por eso debemos ser conscientes. Si creemos que el éxito y el poder corrompen, nuestra mente no nos permitirá tomar medidas hacia esas cosas y pronto nos encontraremos atrapados en una vida de apatía e indiferencia. Pues ¿cómo vamos a tener éxito algún día si nos desagrada la noción misma del éxito?

> El hombre que cree que la casa que está construyendo
> puede alojar al demonio algún día, no tardará
> en dejar sus herramientas.

Prever que nos volveremos malos si triunfamos u odiar a aquellos que han triunfado es una forma de opresión autoinfligida, pues confina a la persona que odia en la miseria. Pero ¿qué pasa con los verdaderos tiranos y discriminadores que nos reprimen, que nos causan dolor cuando intentamos avanzar, que nos prejuzgan por nuestra raza, religión, sexo, estilo de vida u orígenes? *A estos bastardos no les debemos nada.* Nuestro único recurso es una *acción* aún mayor hacia nuestra libertad personal a pesar de ellos. Déjalos, sortéalos, sé más inteligente que ellos, olvídalos; pero no te detengas. Al contrario que ellos, lo celebraremos eligiendo ejercer nuestro éxito e influencia de formas más conscientes y generosas.

No dejemos que estas pocas personas nos cieguen. Los triunfadores del mundo son más buenos y generosos de lo que la mayoría imagina. Cuanto más alto llegamos en la vida, más nos damos cuenta de lo *duro* que todos han trabajado para lograr algo. Todos podríamos beneficiarnos al comprender que la mayoría de la gente de éxito a menudo padecieron desesperación, desengaños y pobreza. Dejando a un lado los poquísimos que han avanzado en la vida sin realizar ningún esfuerzo real, la mayoría de personas influyentes se labraron su propio camino a base de disciplina, lucha y trabajo. Rompieron las cadenas de su rencor hacia otros y lucharon por sus sueños, sabiendo que nadie los retenía al final más que ellos mismos. Comprendieron que la escasez de inteligencia, ética y coraje era más perjudicial de lo que jamás podría serlo la riqueza y por eso fortalecieron su mente y forjaron su carácter a base de trabajo duro y nobles objetivos.

¿Qué han hecho los grandes con el poder que se ganaron luchando por la libertad y mediante grandes logros? Más bien que mal. Cuidaron de sus familias durante generaciones. Construyeron barcos y colegios. Hicieron carreteras y ferrocarriles. Contrataron gente, posibilitando que alimentaran y educaran a sus hijos y pagaran sus hipotecas. Criaron a sus propios hijos y enriquecieron a sus comunidades. Se entregaron a otros y fundaron las causas benéficas de las que una gran parte del mundo se beneficia cada día. Nos dieron algo en lo que creer, por lo que luchar, que moldear. Algunos lo hicieron por la fuerza absoluta de su deseo y su fe. Otros empezaron con cierta riqueza. Todo el que los apoyó aceptaba los valores del trabajo, el progreso, el servicio y la libertad.

Tal vez sea el momento de que superemos por completo nuestros miedos y egos, nuestras inseguridades y prejuicios, y que aprendamos a *homenajear* a aquellos que tuvieron el carácter y el valor requeridos para levantarse, prosperar y prestar grandes servicios.

Recordemos que con el progreso llega el poder y, con el poder, una mayor posibilidad de disfrutar de la vida y de servir a los menos afortunados. *Podemos elegir emplear nuestro éxito para cambiar el mundo.*

A buen seguro que la gente viciosa se dará más al vicio a medida que acumulan más poder. Pero también debemos saber que la gente virtuosa solo sembrará más bondad a medida que crece su influencia. Así que trabajemos duro y disfrutemos del fruto de nuestra labor sin remordimientos ni estrechez de miras. Mantengámonos en el lado correcto y generoso del poder, compartiendo nuestras riquezas e influencia con aquellos que luchan por llevar vidas llenas de grandeza y realizar extraordinarias aportaciones. No sintamos jamás que tenemos que disculparnos por el poder que nos produjo el sudor y la disciplina. Ejerzámoslo en cambio contra la maldad y en ayuda de aquellos que, al igual que nosotros, creen en las glorias del crecimiento y la generosidad que el éxito nos permite. Que esta sea nuestra actitud y tendremos abundancia y sentido.

Hay que esperar y honrar la lucha

Para avanzar de forma radical en nuestras vidas, sin duda tendremos que sobrellevar la lucha. No debemos quejarnos ni dejar de esperarla.

Hubo un tiempo en que superar una prueba era una *virtud*. La lucha era una apreciada consecuencia de ambiciones mayores; se inculcaba como el esfuerzo necesario del heroísmo y el progreso cultural; era el célebre contexto en el que nos probamos a nosotros mismos, nos mejoramos a nosotros mismos y nos realizamos. Solo ahí, en las profundidades del esfuerzo, el trabajo duro y la frustración se pueden exponer y expulsar nuestras debilidades, transformar nuestras vidas, alcanzar nuestros sueños y potenciar nuestra humanidad. No se ha de compadecer sino admirar y recordar a través del tiempo a quienes lucharon con honor con fines poderosos.

> Debemos recordar que el poder para dirigir nuestro destino proviene solo de una actitud que hace que estemos dispuestos a luchar por el aprendizaje, el esfuerzo y el crecimiento.

Sin embargo, la gran mayoría detesta el esfuerzo que se requiere para avanzar. Se quejan con gran desasosiego de que el camino hacia la independencia y la abundancia es demasiado duro, demasiado intempestivo, demasiado lento. Si no hay una línea recta y veloz hacia el éxito, el viaje nunca comienza. La gente no vuelve al colegio porque le llevaría demasiado tiempo. No hace ejercicio porque los resultados llegan demasiado despacio. No luchan por sus sueños porque eso requeriría largas noches además de días de por sí muy ocupados. Ahora, generaciones enteras están reduciendo su visión y sus esfuerzos; temen la dificultad de enfrentarse a sus limitaciones, de probar cosas nuevas y desarrollar nuevos talentos y habilidades. El resultado es que un sector asombrosamente numeroso de la sociedad tiene sobrepeso, está desinformado, carece de habilidades y es infeliz. Da la impresión de que se rehúye el verdadero esfuerzo, la clase de esfuerzo que conlleva un prolongado aprendizaje y arduas noches de frustración. Cualquier inconveniente se ha convertido en una buena excusa para detener el progreso.

Cabría preguntarse si tener la paciencia y perseverancia necesarias para lograr cualquier cosa que merece la pena se ha convertido en algo del pasado. Abriguemos la esperanza de que no es así, pues solo centrándonos en hacer que nuestra vida avance podemos alcanzar nuestro potencial y nuestra libertad.

Ninguno de nosotros se levantará mañana y dirá «No deseo avanzar en mi vida». Pero no son nuestros deseos los que se valorarán el día de mañana; solo nuestros actos dirán quiénes somos y qué deseamos en realidad. Levantémonos mañana con la mente preparada para el progreso. Seamos valientes de nuevo. De cara a cualquier preocupación, podemos recordar que todo lo que necesitamos está en el interior, que la fortuna favorece a los valientes y que solo la acción iluminará el siguiente paso. Luchemos para siempre por algo que elegimos como significativo, con una convicción tan pura y poderosa que avancemos a grandes saltos. Debemos comprometernos con esta causa para avanzar por el bien del crecimiento y la entrega. *Ya no esperaremos a recibir permiso, el momento oportuno ni cejaremos a la hora de progresar con rapidez en nuestra vida.* Marchemos ahora. Tenemos trabajo que hacer, influencias que conseguir, servicios que prestar, poder que compartir, libertad que alcanzar para nuestros seres queridos. Así pues, avancemos y comencemos grandes cosas. *Ahora.*

Compromiso V

Cultivemos la alegría y la gratitud

> La gratitud confiere reverencia,
> permitiéndonos tener revelaciones todos los días,
> esos momentos trascendentales de asombro
> que cambian para siempre nuestra manera
> de experimentar la vida y el mundo.
>
> SARAH BAN BREATHNACH

Nos han dotado de vitalidad divina y de los poderes complementarios de la voluntad, la fortaleza y el entusiasmo. Pero ¿dónde está el pulso motivado, exacerbado y entusiasmado que cabría esperar en personas tan elegidas y competentes? ¿Por qué oímos más risas y más vida? ¿Dónde está el dinamismo, la loca furia y la impresionante pasión de los humanos involucrados plenamente? ¿Dónde están las almas resplandecientes cuyos corazones laten con acelerado entusiasmo? ¿Dónde está el magnetismo y el fuego? ¿Dónde está la gratitud, la dicha, la chispa y la energía? ¿Qué fue de esa milagrosa energía vital que nos dio la existencia?

Parece que una gran oleada de cinismo y pesimismo ha barrido la costa y ha ahogado los sueños de nuestra gente. La energía emocional del mundo se está marchitando.

Podemos ver esta energía vital que se escapa en los ojos y los rostros de un impresionante número de personas, en su conducta y en sus conversaciones. No hay vitalidad, libertad ni positivismo en su actitud. Fijaos que sus caras parecen demasiado avejentadas, cetrinas y serias para su edad. Oíd que sus conversaciones suenan quedas y resignadas, como susurros de una familia cansada y que se desintegra. Ampliad la imagen y fijaos en que la mayoría de la euforia y la emoción de nuestra cultura procede de una histeria colectiva que rodea las oportunidades recién descubiertas de alcanzar riqueza o de las vidas fabricadas de la élite y las celebridades. El nuestro se ha convertido en un mundo donde a un trágico número de personas les fascina más el materialismo y las vidas de narcisitos distantes que su propia experiencia vital.

Los humanos no están destinados a ser las caricaturas perezosas, cansadas, codiciosas y aburridas de absoluta abundancia que nos muestran hoy en día con tanto sensacionalismo. Por desgracia, de lejos parece que muchas personas se han resignado, que han renunciado a su extraordinario potencial, que están consintiendo reptar en vez de planear, que se arriesgan a convertirse en una cultura de mocosos y acusadores lentos, con objetivos insignificantes y llenos de negatividad.

Una por una, vemos a muchas personas que apreciamos que son absorbidas por el desagradable remolino de la negatividad. La energía de todo esto es palpable y cambiarlo ha de ser un imperativo para nosotros.

Ha de ser un objetivo principal de nuestra existencia reavivar la magia de la vida. No debemos vivir en la oscuridad de nuestras dudas, en las sombras de la falta de alegría ni en las garras de los vampiros de energía. Recordemos que el fin de la vida es *vivir*, vivir con libertad, vitalidad, alegría, desenfreno, conocimiento, amor y entusiasmo. Nuestra naturaleza nos proporciona una carga intrínseca para dicha vida y es hora de encenderla una vez más.

Seamos personas radiantes, agradecidas y optimistas disfrutando de nuestras bendiciones y luchando con alegría para conseguir nuestros sueños bajo el brillante y cálido sol de lo Divino. Solo se requiere voluntad y condicionamiento para disfrutar de dicha vida. Tomemos la decisión de reexaminar nuestra actitud y orientación hacia la vida, para cultivar un pulso más positivo y presente. Por eso, proclamamos: *cultivaremos la alegría y la gratitud.*

La joya de la vida

La mayor de las libertades humanas es la capacidad para elegir en cualquier momento la paleta de nuestro cielo emocional. *Solo nosotros activamos la energía misma y las emociones mediante las que experimentamos la vida.* Si deseamos sentir alegría y gratitud en nuestra vida, debemos encaminar nuestras creencias y comportamientos con el propósito de lograr ese fin. Y debemos hacerlo de forma constante, con tanta fuerza y repetición que dichas emociones se conviertan en tonos de nuestra actitud cotidiana. No es una tarea fácil, pero convirtámosla en nuestra misión.

> Quizá el requisito más riguroso de la buena vida
> sea tener la constancia mental de mantener nuestra
> alegría y gratitud aun en medio de la adversidad,
> el sufrimiento y la injusticia.

Este es el requisito del dominio de uno mismo y de la felicidad. Por lo que es responsabilidad nuestra notar cuándo nos sentimos aburridos o deprimidos; y obligarnos a salir para involucrarnos en el mundo con una sonrisa. Depende de nosotros dar las gracias a nuestro equipo incluso cuando un proyecto está fracasando y estar agradecidos por nuestra pareja aun en medio de una pelea.

No podemos controlar la vida si no somos capaces de transformar la energía que sentimos en cualquier momento en alegre compromiso y profundo agradecimiento. Los que se autodenominan «realistas» nos dirán que es imposible. Ellos, que han abandonado la esperanza, dirán que nuestro mundo es demasiado estresante y cruel, que nuestra genética y entorno están abocados a dominar nuestra vida y nuestros sentimientos. Insistirán en que nuestra mente subconsciente e impulsos mezquinos hacia el temor y el egoísmo regirán el presente hagamos lo que hagamos.

Pero dejemos que nuestras mentes decidan qué es real y qué es posible para nosotros. Dejemos que nuestros ojos vean entre los rostros aburridos y avejentados un tipo marcadamente diferente, más brillante. Están aquellos cuyo rostro está tan lleno de vida que, en la oscuridad de nuestro tiempo, sirven como un cegador recordatorio de que la alegría, el carisma y la esperanza aún existen. Son personas que aportan energía, individuos alegres que inspiran y animan a quienes los rodean *aunque* sus orígenes, genética y entorno darían pie a que fueran apáticos y distantes. También pueden proceder de un hogar roto o de la pobreza. Pero en vez de elegir la amargura, parecen muy conscientes y están muy agradecidas por todas sus cosas buenas, *aunque* esas cosas sean pocas y más escasas que otras. Estas pocas personas, las personas felices, agradecidas y que proporcionan energía entre nosotros, no son «afortunadas» ni tampoco hay que tenerles envidia. Pues sus tesoros están al alcance de todos nosotros. Su tesoro es una actitud elegida de forma libre.

No somos ajenos al hecho de que es difícil elegir la alegría en un mundo convulso, caótico y a menudo furioso. El contagio social de la negatividad se propaga con rapidez porque la mente humana es vulnerable. Estamos preparados para sentir e imitar la energía emocional que nos rodea. Ver el miedo en la cara de alguien puede desencadenar un estado de miedo. Dicho contagio emocional tenía beneficios primitivos en otra época. Era una bendición en tiempos de grave peligro. Cuando el miedo deformaba el rostro de nuestros amigos y empezaban a huir de una amenaza invisible, veíamos sus caras de terror y enseguida sentíamos miedo y huíamos con ellos aun antes de conocer la amenaza. Esto evitaba que nos devorara o nos mutilara un animal al acecho o un grupo de hombres sanguinarios.

Pero este sistema de defensa primitivo es ahora un enemigo mortal. Sin depredadores a la caza de nuestra carne, sin más miedo que el miedo en sí, y en un mundo preñado de gente hastiada, temerosa y hosca, este deseo de imitar puede arruinarnos la vida. La energía de las masas es, a lo sumo, una energía de bajo nivel, un espacio en blanco emocional creado por gente confusa aunque cínica, que actúa sin apenas dormir, con mucho estrés y un frenético deseo de estar en otra parte, con otra persona, haciendo otra cosa. Debemos preguntarnos: *«¿Debo adaptarme a su energía? ¿Y a sus pensamientos y a su lenguaje?»*.

Cuando los triviales y desorientados cínicos nos dicen que el mundo se va al infierno, ¿debemos dejar que nuestra mente intente de manera automática confirmar esta realidad? ¿Debemos, también, permitir que nuestra mente busque algo de lo que quejarnos? ¿Dejaremos que toda la energía negativa y necesitada del mundo se filtre y arruine nuestra motivación o nuestra serenidad?

No debemos convertirnos en catástrofes de conformidad activa. Debemos usar nuestro conocimiento para superar nuestros deseos de imitar. Cuanto más nos permitamos armonizar automáticamente con los niveles de energía de otros —a menos que se trate de las energías emocionales propias de la alegría, el amor y el entusiasmo que deseamos sentir—, más reducimos nuestro poder individual. Cuanto mayor sea la frecuencia con que aceptemos el lenguaje y la actitud pobre de las masas que se ahogan, más sonaremos y pareceremos víctimas. Jamás debemos olvidar que el nuestro es un mundo de gente distraída que ansía la libertad personal, pero que a menudo opta por actuar desde el miedo. Y por eso, si no somos conscientes de nuestra voluntad y atención, nos arriesgamos a caer en la tragedia. *La vida puede perder su vibrante aura y su encanto si no encauzamos la energía de nuestra mente hacia un compromiso positivo y hacia la comprensión.* Por eso, recuperemos la concentración y recordemos las cosas valiosas: la felicidad es la joya de la vida; la gratitud, es el oro.

El maestro feliz

¿Cuál es la magia de ese reducido número de personas felices que iluminan el mundo? ¿Dónde encuentran ese placer en la vida y cómo exudan semejante positivismo?

Su fórmula es sencilla. Las personas felices simplemente son más conscientes y pertinaces en sus intentos de sentir y generar alegría y gratitud. Lo intentan con más ahínco, haciendo de la alegría una costumbre, un hábito, una firme condición de su carácter, un arte social perdurable en épocas tristes y tediosas.

Han convertido en su objetivo el llevar una vida feliz.
Eso es todo.

Sin humo, sin espejos. Solo esas sencillas fuerzas en marcha que mantienen la motivación: atención y esfuerzo dedicados a aquello que desean.

La respuesta no es popular. No resulta fácil reconocer que no lo intentamos a menudo ni con suficiente ahínco. Pero si la alegría falta en nuestra vida debemos aceptar como verdad que no estamos moldeando nuestra voluntad hacia la alegría. Podemos mentir y decir que esa gente feliz lo tiene más fácil que nosotros. Pero todos conocemos a alguna persona feliz que tiene menos fortuna y salud que nosotros.

Busquemos las enseñanzas de esa gente feliz que nos rodea. Los niños tienen alegría de forma natural. Su curiosidad, su falta de expectativas, su placer por las cosas pequeñas y su pleno compromiso con el momento son semillas de felicidad que brotan rápido. Podemos aprender de ellos. ¿Qué sucedería si introdujéramos su tendencia a la alegría en nuestra vida? ¿Podríamos cambiar para ser más curiosos acerca de nuestro entorno inmediato? ¿Renunciar a la expectativa, sobre todo a esperar esa perfección que debería rodearnos allá donde vayamos, nos traerá nuevos placeres? ¿Podemos obtener placer de las cosas pequeñas y esperar que las cosas buenas vengan a nosotros? Es evidente que hacer esto cambiaría nuestra vida.

Volvamos a las enseñanzas de los niños felices una y otra vez: *sé curioso. Renuncia a la expectativa. Obtén placer de las pequeñas cosas y espera cosas buenas. Involúcrate con alegría en el momento.* Que esto se convierta en nuestra costumbre, en nuestra maestría y en nuestro arte.

Quienes perfeccionan el arte de llevar la alegría al día a día de sus vidas no son como los demás maestros; trabajan tan duro en algo que no tarda en convertirse en *juego.* Los mayores artistas y atletas, los ejecutivos y emprendedores de más éxito, los trabajadores más felices y los líderes más respetados se vuelcan en su trabajo con celo y entusiasmo. Sus esfuerzos son como un juego. Se sumergen alegremente, como si sacaran partido a sus cualidades en un gran parque de juegos. No parecen furiosos, desconcertados, frustrados ni preocupados, sino relajados y cómodos. Reciben el esfuerzo con intensa y animada alegría aun en medio del caos y la confusión. Se implican en el desafío y lo honran, como si lo esperaran y aceptaran. Suelen parecer impertérritos y casi serenos incluso en medio del desasosiego de la creciente complejidad de forjar su vida y su carrera. A menudo silban mientras trabajan duro y sonríen cuando están perplejos y en plena faena. Se agotan y esfuerzan con entrega, deseando seguir siendo positivos y alegres, sabiendo que un día su diligencia les hará maestros, sabiendo que un día tendrán su victoria y su trascendencia. *Estos son los maestros alegres.*

Los maestros alegres saben que lucha no siempre tiene que equivaler a sufrimiento. Aprendamos de ellos y recordemos que se puede hacer frente a las exigencias de la vida con alegría y ánimo, con esfuerzo por encima de la comodidad, abriéndose paso en tiempos de gran esfuerzo y escasos logros.

Los maestros alegres saben que la vida es un viaje, una aventura exigente y emocionante, cuyo destino importa menos que la pasión y la libertad que se siente en el camino. Aprendamos de ellos y recordemos que, incluso cuando nos encontramos agotados e inseguros, podemos sentir cada momento con presencia y entusiasmo.

Los maestros alegres saben que, entre todo el caos y el conflicto, entre la prisa y la maldad del mundo, *hay algo sólido que es hermoso, inmutable y bueno.* Igual que ellos, podemos sentir que nuestra mente y nuestra alma son frescas, puras y limpias, incluso mientras luchamos a brazo partido en el gran caos de la humanidad.

Los maestros felices saben que nada que sea bueno llega con facilidad, pero todas las cosas se pueden alcanzar con serenidad. Al igual que ellos, podemos mostrarnos elegantes aun padeciendo un gran sufrimiento y hacer frente a nuestras largas dificultades con serenidad, dignidad y entusiasmo por un nuevo día.

Los maestros alegres saben que, con el tiempo, todo el mundo encontrará su camino, de modo que las virtudes fundamentales son la paciencia y el amor. Al igual que ellos, podemos saber que no es necesario obligar o coaccionar a los demás para arrastrarlos a nuestra búsqueda o nuestras alegrías. Por poco dispuesto o desorientado que alguien parezca en este momento o este año, sabemos que al final todos encontrarán su camino hacia su propia sensación de libertad.

Recemos para que podamos encontrar la voluntad y la fortaleza para aprender esas cosas, para practicar esas cosas, para convertirnos en maestros así.

El camino de la gratitud

No debemos centrarnos en la sombra del rincón y ser tan tontos como para no darnos cuenta de que la sombra existe solo porque la habitación está iluminada. Hay luz por todas partes, hay muchas cosas por las que estar agradecido en este mundo en apariencia oscuro y por eso lo que debemos hacer es apartar la vista de la sombra y fijarla en el océano de luz y gracia divina en el que tenemos la bendición de vivir.

Para las personas agradecidas y en armonía, el torrente de bendiciones del universo parece una cascada de suerte y asombro. No hay que mirar muy lejos al buscar cosas por las que estar agradecidos. Uno simplemente ha de liberar el ego, defraudar al personaje que siente que ha creado todas las cosas o que debe perfeccionar todas las cosas y aceptar la energía natural e inexplicable que nos ha dotado de vitalidad y de un mundo mágico.

> Una vida vibrante y feliz comienza en el sendero
> de la gratitud.

Por eso, seamos más agradecidos y valoremos más cada día:

Doy gracias por toda la luz que me rodea.

Doy gracias por cualquier cuidador que me inspire.

Doy gracias a mi amante, que pasa por alto mis defectos.

Doy gracias a las mujeres y a los hombres que arriesgan la vida para proteger mis libertades.

Doy gracias por el azul del cielo y la belleza de la naturaleza.

Doy gracias por el corazón que bombea vida en mí.

Doy gracias por el descanso de la noche, sea mucho o poco.

Doy gracias por los dones del libre albedrío, la voluntad y el aguante.

Doy gracias por mis mentores y por los traidores que también me enseñaron.

Doy gracias por no vivir sumido en la necesidad y la miseria.

Doy gracias por mi casa, el pan de cada día y el agua potable.

Doy gracias por la oportunidad de trabajar, crear y ganar mi sustento.

Doy gracias por la suerte que me ha hecho avanzar y los desastres y tribulaciones que me han educado.

Doy gracias por la pizarra en blanco que trae cada mañana.

Doy gracias por mi aliento y el momento de pureza que está por llegar.

Doy gracias a mi Creador.

Al buscar tantas cosas por las que estar agradecidos nos volvemos agradecidos y *vivos*. Igual que hemos hecho con la alegría, hagamos de convertirnos en maestros de gratitud nuestro objetivo.

Somos afortunados

¿Cómo lograremos mantener tanta alegría y gratitud en nuestra vida?

Siempre recordamos que nuestro estado emocional es una elección, una selección de una amplia fuente de reacciones y sentimientos a nuestro alcance en cualquier momento. Del mismo modo que una planta eléctrica no tiene energía, sino que la genera, nosotros no *tenemos* felicidad, sino que creamos, generamos y transformamos energías inferiores en energías superiores. Del mismo modo, no *tenemos* alegría ni gratitud; las generamos y experimentamos por voluntad propia.

Podemos hacer de la alegría y la gratitud una costumbre y una norma diaria con solo medir la frecuencia con que cultivamos dichas emociones. Varias veces al día podemos valorar nuestros éxitos preguntándonos: «*De una escala del 1 al 10, ¿cuánta alegría y gratitud estoy aportando a este momento?*».

Hay poder en esta expresión. No estamos preguntando cuánta alegría y gratitud estamos *experimentando* en el momento, como si de algún modo tuviéramos derecho a tan elevadas emociones. Estamos exigiendo responsabilidad personal; ¿cuánto *estoy aportando?*

Al clasificar nuestra realidad emocional nos volvemos más conscientes y permitimos que nuestra mente decida si la respuesta es aceptable en base a la naturaleza de la vida que deseamos. Si estamos viviendo con bajos niveles de alegría y gratitud, nuestra naturaleza intuitiva exigirá que intensifiquemos nuestra concentración y nuestra emoción. Tal vez podríamos estar agradecidos por el remordimiento que nos remueve la mente y el alma hacia niveles más altos de energía cuando sabemos que podríamos ser más felices y más agradecidos. Sí, demos gracias por eso y por todas las cosas, pues somos afortunados.

Compromiso VI

No vulneremos la integridad

Primero descubre lo que quieres ser;
luego haz lo que tengas que hacer.

En nuestras horas más oscuras sentimos la tentación de vulnerar nuestra integridad; comprometer quién somos, en qué creemos y lo que sabemos para ser justos, leales y buenos. Hay una posibilidad de ser débiles y despiadados y se aprovecha. Surge el impulso de ser cruel, de engañar o de huir de nuestros propios sueños y por desgracia se sigue. Justo cuando más importa, olvidamos qué es importante y abandonamos nuestras convicciones morales más elevadas. Hacemos una promesa importante a nuestros hijos o equipo, pero no la cumplimos. Arremetemos con ira contra quienes amamos cuando son más vulnerables. Mentimos a alguien que apreciamos aunque sabemos a ciencia cierta que está desesperado por oír la verdad. Dejamos que la decepción se imponga y renunciamos precipitadamente a nuestros sueños solo porque tropezamos y caímos y la fastidiamos. Contenemos nuestra voz cuando tenemos la ocasión de brillar, ocultamos nuestro verdadero yo a costa de la autenticidad y el crecimiento. Actuamos con indiferencia y cobardía justo cuando el mundo necesita nuestra presencia y nuestra fortaleza. Hay momentos en que experimentamos una repentina ruptura de mente y espíritu, una falta de virtud, un descenso a los planos oscuros del egoísmo y la irresponsabilidad.

Quizá no sea siempre tan dramático. No todos los compromisos de nuestro carácter se centran, como a menudo se retrata en las películas, en decisiones cruciales y molestas en la vida. Nadie se arranca los pelos mientras intenta descubrir desesperadamente qué hacer, como si a nuestro alrededor se desarrollara un gran dilema existencial. No hay ningún debate dramático en una plaza pública ni un conflicto tan acalorado que alguien cae al suelo porque no puede soportar ceder un milímetro. No, la mayoría de vulneraciones de nuestra integridad son de escala menor y pasan desapercibidas. A menudo suceden cuando estamos demasiado ocupados como para permanecer atentos. Ni siquiera nos dimos cuenta de que fuimos groseros. Ni siquiera nos dimos cuenta de que se convirtió en una costumbre actuar como no somos, contar pequeñas mentiras, enfurecernos con facilidad, guardarnos nuestras ideas, hablar demasiado sobre nosotros mismos, cotillear, remolonear, ridiculizar, llegar tarde, olvidarnos de dar las gracias y de decir te quiero. Nos desviamos de quién somos y de cómo queremos que los demás nos perciban debido a pequeños actos desechables que no nos habíamos percatado que se estaba consolidando en un carácter que, con toda probabilidad, no era digno de nosotros.

Es hora de recordarnos que nuestros pensamientos y actos se convierten en nuestro legado. Cuando nos olvidamos de esto o nos mentimos a nosotros mismos pensando que nuestros actos no importan, tenemos permiso para actuar como bufones esporádicos. Nos permitimos romper, solo esta vez, con nuestros valores. Engañamos, solo esta vez. Mentimos, solo esta vez. Posponemos una tarea difícil, solo esta vez. Nos saltamos el entrenamiento, solo esta semana. Nos tomamos una copa, solo una más. Y pronto descubrimos que cada una de estas pequeñas transgresiones en nuestra voluntad lleva a otra y de ahí, a una vida entera de renuncia y remordimiento. Sin vigilancia, aquello que es justo y fuerte del espíritu humano se puede reducir poco a poco… y quebrarse para siempre.

No olvidemos que nuestros actos forman, pieza a pieza, una estructura erguida y torcida a un mismo tiempo. Y por eso apuntemos a nuestro yo más elevado, conservando nuestro carácter y nuestros valores intactos, encarando cada situación con integridad inquebrantable y generosa humanidad. Cuando se nos presente otra tentación para ser débiles y despiadados, y seguro que lo hará, no la aceptaremos. Por el contrario, mostraremos una firme y arraigada negativa a quebrarnos, una decisión de no ceder ni rebajarnos, ese poderoso impulso que produce el hacer lo que es correcto, un gran ascenso a otro reino del carácter humano cuando somos congruentes con nuestra naturaleza divina.

La libertad personal y la esperanza de la humanidad dependen de nuestro compromiso de permanecer fieles a nosotros mismos, a nuestros sueños, a nuestro mundo, a nuestra bondad y a nuestra naturaleza afectuosa. Al negarnos a acomodar nuestros valores *nos* volvemos indomables y estables, valientes y seguros de nosotros mismos, hombres y mujeres valerosos, de valía y de carácter. Forjemos una vida de la que estemos orgullosos. Por eso, proclamamos: *no vulneraremos la integridad.*

Creando lucidez

Cuando somos incongruentes y actuamos de forma que no se ajusta a nuestras creencias nos sentimos distintos, frustrados, arrepentidos y, con el tiempo, deprimidos. Pero cuando ajustamos nuestros pensamientos y actos con nuestros valores y prioridades en la vida, disfrutamos de las bendiciones de una vida elegida y satisfactoria. Saber esto requiere que nos planteemos dos cuestiones: *¿Quién soy y qué es importante para mí?* Estas reflexiones pueden ser dos de las más importantes de la vida. Aquellos que no conozcan las respuestas no pueden poseer ningún poder individual profundo ni plena libertad.

Para averiguar nuestra respuesta a unas preguntas tan abrumadoras resulta útil considerar las cualidades que deseamos en tres vertientes distintas de nuestra vida: nuestro carácter, nuestras relaciones y nuestras aportaciones.

SOBRE EL CARÁCTER

Muy pocas personas han trabajado en profundidad para definir su carácter; la identidad específica que desean tener. Simplemente responden al mundo por capricho, sin poner ningún interés real en el tipo de persona que quieren ser o en la que quieren convertirse. Sin una identidad personalizada hacia la que apuntar, se convierten en combinaciones de los deseos de otras personas y de las circunstancias y culturas en las que viven. No tienen un verdadero carácter porque son esclavas de los impulsos y la imitación.

Contrastemos esto con una mujer que posee un profundo conocimiento de sí misma. Si es consciente a nivel vital y está comprometida con ser una persona amable, raras veces es maleducada. Si se ha definido como una mujer muy empática, desarrolla adrede la disciplina de escuchar más, de ayudar más y de amar más. Trabaja para adaptar todos sus pensamientos y costumbres a la persona ideal que desea ser. *El conocimiento y la disciplina le proporcionan la libertad para vivir todo su potencial.*

¿Tenemos este nivel de control de uno mismo? ¿Sabemos qué cualidades de carácter harán que nos sintamos congruentes, felices y completos? Si no es así, preguntémonos: «Si muriese mañana, ¿cómo querría que me recordaran los demás? ¿Qué palabras y frases exactas me encantaría oírles utilizar para describirme? Cuando hoy guío mis decisiones y mis actos, ¿qué palabras y frases exactas calarán en mi mente y me inspirarán para ser un buen ser humano?». Las respuestas a estas preguntas nos proporcionarán concentración en la vida. Si deseamos que nos recuerden como personas dinámicas, amables, inteligentes, afectuosas y valientes, podemos elegir vivir de acuerdo con esas características.

Para algunos, parece una premisa demasiado básica. Pero el sentido común no siempre es práctica habitual.

Cuántas veces nos hemos causado dolor a nosotros
mismos porque no fuimos capaces de pararnos
a pensar: «¿Qué haría y cómo respondería
a esta situación mi mejor yo?».

Este ha de ser el día en que definir lo mejor de quiénes somos y qué defendemos. Esta noche, en medio del resplandor de gratitud de nuestro libre albedrío, pongamos por escrito las palabras y las frases que describen nuestra identidad ideal. Plasmémoslas con tinta en un papel bonito. Llevémoslas con nosotros a todas partes. Miremos estas palabras, memoricémoslas, verbalicémoslas; *convirtámonos* en ellas. Cuanto más adaptemos nuestros actos a esta vehemencia, más libres, motivados y completos nos volveremos. Sentiremos la vida más positiva y más nuestra, más profunda y satisfactoria. El destino nos sonreirá y seremos acogidos en las puertas del cielo como gente con un propósito y con integridad.

Sobre las relaciones

Definamos también cómo nos relacionaremos con el mundo. ¿Qué clase de experiencias queremos tener con la gente importante de nuestra vida?

Quienes no piensan en esto siempre fracasarán en sus relaciones. Imagina al hombre que no tiene lucidez ni compromiso con la calidad de la relación que tiene con su esposa. Si ella está triste, es probable que se limite a imitar sus sentimientos y frustraciones. Pero debería decirse a sí mismo «Seré un marido presente, firme y fuerte para mi mujer, y esto significa que estaré alerta y pendiente de sus sentimientos. La escucharé con atención y trataré de empatizar y apoyarla incluso en momentos de crisis y de conflictos». Puede recurrir a ser aún más específico en su relación con ella, pensando en cómo le gustaría conectar con ella cuando salen a cenar, durante su trayecto hasta el trabajo, en vacaciones, en ocasiones en las que la economía o los hijos nos lo ponen difícil. Cuanto más meditado sea *en su progreso* en dichas situaciones, más resuelto y firme se vuelve durante las mismas. Su integridad se hace pública y real y no tardará en estar orgulloso —y de ser querido por ello— de sus actos.

Deberíamos sentarnos a escribir estas cosas: *¿Quién es importante para mí y por qué? ¿Cómo me relaciono con ellos para que valoren y experimenten lo mejor de quién soy? ¿En qué clase de persona debo* *convertirme para ser feliz en mi forma de tratar a los demás?* Levantémonos pues, mañana, para dedicar todos nuestros esfuerzos a ser esa clase de persona y para relacionarnos con los demás como deseamos. Si hacemos esto cada día de nuestra vida, cuando nos enfrentemos a nuestras horas finales, estaremos rodeados de aquellos a quienes amamos y servimos, y ellos nos dirán *por qué* nos quieren, y una amplia sonrisa se dibujará en nuestra cara al saber que sus descripciones revelan algo importante; que hemos vivido y amado en concordancia con nuestro corazón y nuestra más elevada humanidad.

SOBRE LA APORTACIÓN

Por último, definamos las aportaciones que deseamos realizar. ¿Qué queremos crear, construir, moldear, compartir o dar? Más allá de nuestras relaciones con la gente, ¿qué cosas deseamos darles o dejarles? ¿Qué evidencia tangible de nuestra creatividad y nuestra vida queremos dejar en este mundo?

A demasiadas personas no se les ocurren estas preguntas y por eso están renunciando a su integridad día a día en tareas poco satisfactorias. No trabajan para conseguir algo real y significativo, algo que saben que les aportará alegría y satisfacción. Dicen que sí a demasiados proyectos a fin de complacer a los demás, a costa de su propia satisfacción y de su alma. Si hubieran sido proactivos al definir qué es significativo e importante para ellos, podrían haber evitado sentirse tan distraídos e insatisfechos. Ya no hay razón para que suframos su mismo destino. Sentémonos, bolígrafo en mano una vez más, y describamos los proyectos y objetivos que nos dan energía, entusiasmo y sentido. Hemos escrito estas cosas antes, pero al ponerlas por escrito reconectamos con nuestra motivación y nuestro poder. Así pues, ¿qué aportaremos y lograremos en la vida que nos haga sentir orgullosos? ¿Qué servicio ofreceremos? ¿Qué destrezas crearemos y legaremos? ¿Qué diferencia marcaremos? De estas preguntas nace una vida que sí importa. Pero sin una visión de estas cosas, no tenemos nada a qué adaptarnos. *Donde no hay lucidez, no puede haber integridad.*

Armados con intenciones para quién deseamos ser, cómo deseamos interactuar con los demás y qué deseamos darles, nos convertimos en gente consciente. Obtenemos toda la potencia de nuestro poder individual.

Las seis prácticas de la integridad

La sabiduría es saber quién ser y qué hacer en una situación dada; la virtud es actuar en base a esa sabiduría. Todos sabemos que debemos ser personas consideradas, amables, afectuosas y felices, pero no todos elegimos serlo. Este abismo entre el saber y el hacer es el oscuro agujero donde la gente se pierde. Cada violación de nuestros valores y virtud es una grieta contra nuestra integridad y felicidad. Pero cada vez que plantamos cara para expresar nuestra integridad es otro ladrillo que añadimos a la gran estructura del carácter que levantamos cada día.

Y por eso debemos elegir costumbres de vida sensatas. La primera práctica para la integridad es *pensar antes de actuar*. No debería tomarse ninguna decisión o acto importante sin considerar las categorías primordiales de nuestra vida: nuestro bienestar personal, nuestras relaciones y nuestras responsabilidades sociales. Debemos preguntar: «Las decisiones que estamos a punto de tomar, ¿respaldarán mi cordura y felicidad así como la salud y bienestar de mi familia y mi comunidad? ¿Qué sucedería si mis decisiones y actos se emitieran en cada telediario? ¿Estaría orgulloso de ellos?». No realizar dichas preguntas ha llevado a mucha gente buena a acabar siendo mala.

La segunda práctica para la integridad es *no comprometernos nunca con nada que no nos apasione*. Debemos dejar de decir que sí a todo, ya que muchos de nuestros fracasos ocurren porque empezamos algo sin entusiasmo. A medida que nos volvemos adultos más maduros y preparados nos damos cuenta de que si se nos presenta una oportunidad y no nos genera un entusiasmo y un compromiso rotundos, la respuesta debe ser un *no* rotundo. A menudo, vulnerar la integridad significa hacer constantemente cosas que no amamos con gente que no apreciamos. ¿Acaso la vida no tiene que ser un idilio apasionado con nuestro trabajo, con nuestra fe y con aquellos a los que tenemos la suerte de conocer, apreciar y servir? Mantengamos pues esa pasión empleando nuestro tiempo de forma sensata.

La tercera práctica es *mantener nuestra palabra*. Si decimos que nos reuniremos con nuestro amante a mediodía, debemos llegar al mediodía o antes. Cuando prometemos terminar el proyecto para el miércoles, lo entregaremos el miércoles. Si le decimos a otra persona que le guardaremos el secreto, entonces no cuchichearemos. Esta práctica es una de las artes más importantes de la vida: mantenerse leal, honrado y digno de confianza. Imaginaos llegando al final de la vida y diciendo «He sido una persona con la que la gente podía contar. He estado presente cuando he dicho que así sería. Entregué lo que dije que entregaría. He cumplido porque me preocupaba mi integridad y las personas que había en mi vida». Tenemos que rezar para que podamos vivir dicha vida y deberíamos complementar esas oraciones con actos para hacerlo así.

La cuarta práctica es *tratar a los demás siempre con respeto*. Quienes reflexionan sobre su vida, a menudo lamentan haber tratado mal a la gente. Casi todo el sufrimiento en nuestras relaciones personales procede de una falta de respeto que dedicamos o recibimos de los demás. Pero pocas personas tienen una definición clara de lo que significa respetar a otra persona. Tener respeto significa no hacer daño; reconocer a otros sus derechos de expresarse; y honrar el hecho de que sus propios pensamientos, sentimientos y actos son reales y justificables en su mente, aunque nosotros los consideremos poco importantes o erróneos. Respeto no significa necesariamente aprobación; se puede respetar el derecho a hablar de otro, pero no aprobar de forma necesaria lo que se habla. Respeto significa que vemos a los demás mientras hacen lo que pueden con lo que tienen, que vemos quiénes son y a lo que se han enfrentado, aunque sus esfuerzos nos parezcan deficientes en algún aspecto. Significa ver la divinidad en los demás y nunca invitar a la insolencia a nuestra vida proyectando la falta de respeto en los demás.

La quinta práctica es *decir la verdad*. ¿En cuántos problemas nos metemos al mentir? ¿Cuánto de nuestros mayores malestares o relaciones tensas se agravan por una pequeña mentira? La mujer que dice tantas mentiras se ve obligada a vivir numerosas vidas, careciendo por tanto de un carácter y una mente únicos. El hombre que miente hoy se ve obsesionado mañana, condenado hasta que el fantasma de su propia mentira se aparece delante de todos, momento en el que le preocuparán las opiniones de los demás. Solo se le garantiza sufrimiento por dentro y por fuera. Mentirse a uno mismo y a los demás es hacernos daño a nosotros mismos. No debemos permitirnos el alivio temporal de decir una mentira; el coste a largo plazo es siempre la vergüenza y el arrepentimiento. No debemos erosionar nuestra integridad con una pequeña mentira tras otra.

La sexta práctica es *favorecer siempre la iniciativa*. Si nos quedamos dudando y remoloneando en los márgenes de la vida, es como quedarnos a la orilla de un río y no meternos en él para salvar a un niño que se ahoga. Cuando vemos a una mujer hermosa y deseamos hablar con ella, pero no nos acercamos, nos arrepentiremos. Si soñamos con emprender una nueva carrera, pero nunca tomamos medidas, el arrepentimiento nos consumirá. Cuando nuestra mente desea algo por motivos buenos y significativos y no vamos tras ello, es como rechazar a nuestro propio yo. Cuanto menos actuamos, menos integridad tenemos en nuestro corazón y nuestra mente. Menos confiamos en nosotros mismos, menos nos conocemos, menos nos queremos. Recordemos pues que la integridad se encuentra tomando medidas que apoyen nuestros sinceros deseos y valores.

Ninguna de estas seis prácticas requiere nada extraordinario; todas son impulsos naturales. Pero son nuestros fracasos cotidianos al mantenerlas los que causan la mayoría de nuestro sufrimiento humano. Cuantas más de estas prácticas llevemos a cabo, más experimentaremos la felicidad humana.

¿Por qué admiramos y respetamos a Gandhi, Mandela, la Madre Teresa, Lincoln o a cualquier otro líder o leyenda del olimpo de la historia de forma universal? Porque se guiaban por estas prácticas basadas en la integridad. Representaban algo. No quebrantaron los valores en los que creían solo porque se enfrentaban a la lucha. Fueron buenas personas que conservaron la integridad entre sus palabras y sus hechos. Podemos seguir su ejemplo. Podemos convertirnos en personas fuertes, orgullosas y respetables. Solo tenemos que convertir la integridad en una *costumbre* para toda la vida.

Las siete tentaciones

Y por eso debemos prever las situaciones en la vida que con toda probabilidad harán que vulneremos nuestra integridad. En una pasmosa falta de conocimiento de uno mismo, a la gente suele sorprenderle que ciertas circunstancias hagan que reaccionen de forma indigna de ellos. Es como si nunca hubieran prestado atención cuando otras personas se enfurecían o eran infelices, y por tanto nunca aprendieron a evitar enfurecerse o ser infelices. Han sido estúpidos en lo referente a las lecciones del mundo y por eso se comportan de forma estúpida con frecuencia.

Quizá sea el momento de revisar lo que hemos aprendido de la sabiduría de los eruditos y de nuestra propia experiencia. A estas alturas todos deberíamos saber que podemos perder la integridad con suma facilidad cuando sentimos o reaccionamos a cualquiera de estas cosas: *impaciencia, decepción, desesperación, hostilidad, dolor, lealtad y poder*. Esas son las siete tentaciones. Conozcámoslas para que podamos prepararnos y sigamos leales a nuestro yo más elevado cuando nos enfrentamos a ellas.

LA TENTACIÓN DE LA IMPACIENCIA

Comencemos con la *impaciencia*. En algún punto de nuestra vida todos nos hemos perdido cuando nuestra paciencia es puesta a prueba. Aunque nos consideremos un progenitor amable y afectuoso, cuando los hijos siguen sin hacernos caso la quinta vez que les pedimos que guarden silencio es fácil ponerse furioso. Si nuestro nuevo negocio no triunfa tan rápido como deseamos, es fácil que abandonemos la búsqueda de nuestro sueño.

La falta de paciencia ha vuelto malos a muchos hombres buenos, ha convertido en fracasos montones de éxitos en potencia y ha hecho que se abandone infinidad de ideas buenas justo cuando estaban a punto de hacerse realidad. También ha llevado a casi todos los males culturales relacionados con la codicia y la escasa capacidad de decisión financiera; estas despreciables personas se centran en los beneficios a corto plazo en vez de en el desarrollo a largo plazo.

La gente libre y consciente desarrolla un alto grado de inteligencia emocional que le alerta cuando se vuelven demasiado acelerados, impacientes o irritables. Mediante la práctica y la disciplina, condicionan su mente para lanzar un primitivo sistema de alarma que dice «Tengo pánico y es probable que tome una mala decisión. Debo tomar aliento e ir más despacio. Sería más inteligente y responsable calmarme ahora, superar el estrés de este momento y luego hacer lo que es bueno a largo plazo».

Podemos empezar a desarrollar esta habilidad reflexionando acerca de las veces que fuimos impacientes: «¿Cuándo fue la última vez que increpé a un ser querido por mi incapacidad de conservar la paciencia y la perspectiva? ¿Qué podría haber hecho mejor en esa situación para tranquilizarme? ¿Qué otras situaciones parecen enfurecerme con impaciencia una y otra vez? ¿Cómo elegiré responder en esas situaciones en el futuro?». Cuanto más reflexionemos acerca de las veces en que nuestra impaciencia nos ha superado, menos probable es que repitamos nuestros defectos de carácter.

Cuando miramos hacia nuestro futuro, imaginemos cómo deseamos ser recordados. El buen padre quiere que sus hijos digan: «Mi padre era paciente y cariñoso conmigo». El buen ejecutivo quiere que sus empleados digan: «Me alegro de que nuestro fundador superara la adversidad y mantuviera viva su visión en vez de abandonar demasiado pronto».

Nada aquí debería sorprendernos. Los sabios siempre han enseñado que «la paciencia es una virtud». Para conservar nuestra integridad en la vida, hagamos de la lógica una práctica común.

LA TENTACIÓN DE LA DECEPCIÓN

Mucha gente se aparta de su integridad debido a la decepción. Las cosas no resultan como desean y su ego se inflama y se enfurecen, haciendo que rompan compromisos consigo mismos y con los demás. Se trata de la mujer que prueba un nuevo programa para perder peso y consigue resultados, pero que como no pierde *tanto* peso como había previsto, rompe su resolución y retoma sus antiguos hábitos. Es el trabajador que promete trabajar más duro, pero que al ver que sus primeros esfuerzos pasan desapercibidos, no tarda en volver de nuevo a la mediocridad. Es el emprendedor cuyo primer intento termina en fracaso, por lo que decide volver a un empleo triste para tener una mejor sensación de seguridad.

Para la mayoría, la decepción no es el problema; el problema es lo que hacen cuando se sienten defraudados: *abandonan*. La decepción no es más que la excusa que la gente pequeña utiliza para justificar su deseo de abandonar y disfrutar de una vida tranquila por encima del trabajo duro y las dificultades necesarias para alcanzar verdaderos logros.

La gente más consciente considera la decepción una realidad común e inocua de tener elevados objetivos y normas. *Si no nos decepcionamos de vez en cuando, es que no probamos nada nuevo, audaz ni significativo.* Comprendamos pues que la decepción es necesaria y que no tiene ningún poder real sobre nosotros. En verdad, la decepción a menudo perece cuando adoptamos una conducta de aprendizaje. En vez de sentirnos tristes o frustrados hasta el punto del fracaso, simplemente debemos volvernos curiosos y preguntar: «¿Qué puedo aprender aquí que me ayude a cambiar mi enfoque? ¿Qué lecciones debo entender para que la próxima vez pueda ser aún más mi mejor yo y proporcionar un servicio aún mejor al mundo?».

El contraste no podría ser más marcado. La gente fracasada permite que la decepción les frene en seco, que les arrebate sus compromisos, valores y sueños. Dejan que la decepción crezca hasta convertirse en una *identidad* del fracaso. La gente de éxito siente decepción y *aprende a superarla y a dejarla atrás.* Utilizan la decepción para aumentar su competencia, no para dejar que reduzca su carácter o rebaje sus sueños. ¿Un fracasado decepcionado o un triunfador erudito? Elijamos este día y de una vez por todas a qué grupo pertenecemos.

La tentación de la desesperación

Los momentos más predecibles cuando la gente falta a su integridad suceden cuando están desesperados, al borde de la ruina. El empresario cercano a la bancarrota decide hacer algo deshonesto para ganar dinero rápido aunque sucio. La persona que ansía el amor cede para obtener aceptación y afecto. El estudiante desesperado por estar a la altura de las expectativas de los demás hace trampas en un examen tras otro. El hombre hambriento roba alimento.

Todos hemos tomado malas decisiones cuando estábamos necesitados. Por eso recordémoslas y busquemos pautas; ¿Qué momento de necesidad nos impulsó a tener una mala conducta? ¿Cómo pensamos en los demás, en el mundo y en nosotros mismos en esos momentos nocivos o irresponsables? ¿Cómo podríamos habernos comportado de forma diferente... de formas que habrían respaldado nuestro crecimiento y más alto sentido de la integridad? ¿A qué estamos comprometidos en situaciones similares en el futuro?

Seríamos tontos de no prever que la desesperación nos saludará de nuevo en el futuro si estamos persiguiendo nuestros sueños. Nos destrozará. Nosotros lucharemos y probablemente, en algún momento, perderemos dinero, posición e influencia. Nos veremos forzados a reunir hasta la última pizca de nuestros recursos y respeto para seguir adelante. Y por eso, decidamos ahora cómo nos comportaremos en esos momentos.

En cada gran historia hay siempre una escena en la que el personaje principal está desesperado y temeroso. Cómo se comportan estos personajes en los momentos posteriores, dicta si son o no cobardes, villanos o personas íntegras y valientes que arreglan las cosas y cabalgan de forma orgullosa hacia el resplandeciente horizonte.

Cuando llegue nuestra hora, cuando de repente caigamos en el pozo de la necesidad, actuemos de acuerdo con nuestros elevados valores y mostremos al mundo de qué estamos hechos.

LA TENTACIÓN DE LA HOSTILIDAD

A menudo la gente se encuentra en su peor momento cuando responde a la hostilidad de otra persona. Si los amedrentan, se vuelven violentos. Si su cónyuge insiste con una idea que les desagrada, estallan en cólera. Si su jefe les dice con firmeza qué hacer, se amilanan y acceden, aunque discrepen con todas sus fuerzas. Pero nuestro objetivo jamás debería ser encarar la firmeza de alguien con un acto que nos empequeñezca, nos enfurezca o nos vuelva hirientes. Nada bueno sale de convertirnos en resentidos o violentos.

Cuando otras personas son hostiles, ha llegado el momento de ser muy conscientes de nuestras reacciones. Cuando los demás presionan demasiado, dejemos que acepten que están actuando desde el ego y, a menudo, la ignorancia, y encaminemos nuestra mente a no rebajarnos a su nivel. Es ahí cuando debemos preguntar: «Si elimino mi ira o sufrimiento de esta situación y actúo desde mi yo más elevado, ¿qué haría ahora?». Responder bien a una pregunta así es lo que hizo que Gandhi, King y Mandela fueran personas tan centradas, leales y admiradas.

El mundo nos presionará, nos enervará y buscará nuestra conformidad y obediencia. La gente será maleducada, mezquina y despistada. Por ello, elijamos un camino más elevado, conservando nuestros valores y defendiendo la paz aun en medio de lo que parece la guerra. Con el tiempo, descubriremos que la paciencia vence siempre a la hostilidad y que el amor vence al odio.

LA TENTACIÓN DEL SUFRIMIENTO

También se requiere atención cuando estamos heridos o experimentamos cualquier emoción negativa. De lo contrario podemos convertirnos en la mujer que se siente tratada de forma injusta y se vuelve rencorosa, aunque no se ve a sí misma como un ser humano rencoroso; el hombre que agrede físicamente a otra persona porque un insulto verbal le hizo sentir pequeño; el líder que decide arruinar un proyecto entero porque estaba avergonzado.

Esta es un área que necesita de examen. Preguntemos: «¿Cómo suelo actuar cuando estoy sufriendo? ¿Cómo veo y reacciono a otra gente cuando no estoy de buen ánimo? ¿Qué recordatorios puedo emplear conmigo mismo la próxima vez que me sienta herido para permanecer fiel a mí mismo y continuar progresando en la vida?».

La madurez insiste en reconocer que sentirse dolido requiere lo mismo que sentirse feliz: una *decisión* consciente. Cuando un pesar nos pesa en el corazón, examinemos si es útil o no tenerlo a mano. Comprendamos que es nuestra propia representación interna de una situación a la que solo nosotros hemos dado sentido. Podemos sentir el sufrimiento, pero debemos liberarlo con rapidez y no dirigirlo a los demás. *La integridad está aprendiendo a sentir dolor, pero no a integrar su oscuridad en nuestra alma ni a arrojársela a otra persona.*

La tentación de la lealtad

No todas las rupturas con nuestra integridad son para protegernos a nosotros mismos o por deseo de carácter. A menudo nos apartamos de lo que sabemos que es fruto de las *buenas intenciones*. Es una curiosa verdad que los mentirosos entre nosotros son casi siempre personas buenas y leales que mienten a fin de *proteger* a alguien a quien aman o respetan. Se trata del hombre que se cree un buen marido y le miente a su mujer para no hacerle daño; el supuesto buen amigo que no quiere dejar al descubierto a su amiga, que ha estado teniendo una aventura; el líder que se guarda información para proteger la reputación de su empresa.

Pero cuando se elige la lealtad por encima de la verdad, la corrupción siempre acecha cerca. Las pequeñas mentiras para proteger a quienes amamos, a aquellos con quien trabajamos o que apreciamos se convierten en mentiras mayores. Si mentimos por otros, desarrollamos una mentalidad de «nosotros contra ellos», en la que nos enfrentamos erróneamente a ellos y a nosotros contra el mundo, sin lograr reconocer que nuestras mentiras hieren a otras personas. Justificamos las mentiras como si estuviéramos ciegos a su inevitable efecto en cadena de dolor.

¿No debemos mentir nunca? ¿Cuál más podría ser nuestro objetivo? Cualquier otra intención es manchar de forma voluntaria nuestra alma. Si nos encontramos en un momento en el que sentimos que debemos mentir para garantizar la seguridad o la salud propia o de otra persona, debemos ser precavidos de todas formas. A menudo creemos que una catástrofe absoluta caerá sobre nuestras vidas si decimos la verdad y esto casi siempre es incierto. Existe una razón para que todos los textos espirituales digan de una forma u otra que la verdad nos hará libres. Si nosotros o nuestros seres queridos nos vemos de verdad contra la espada y la pared y algo malo nos ocurrirá si decimos la verdad, lo mejor que podemos hacer es guardar silencio en vez de pronunciar falsas palabras. Podemos hablar con sinceridad por aquellos a quienes queremos, pero no tenemos que decir falsedades para proteger sus conductas irresponsables. No tenemos que optar por renunciar a nuestro carácter solo porque alguien está en peligro.

Si deseamos un espíritu puro y limpio, tengamos cautela con todas las prácticas o justificaciones para mentir. Esta no es una práctica sencilla, pero una vida de falsa comodidad no es lo que buscamos. El camino hacia la trascendencia lo ilumina la verdad.

La tentación del poder

El poder en sí no es malo; es la forma en que algunas personas lo buscan o lo ejercen lo que puede ser perjudicial. En el camino hacia el poder, la gente que carece de integridad y virtud miente, engaña, roba y pisa a los demás. Pero, asimismo, aquellos que conservan la virtud emplean su poder para promover buenas ideas y animar a la gente que lo necesita.

El secreto para buscar el poder con integridad es dejar de imaginar que cuando por fin lo tengamos, *cambiaremos* de repente. Las malas personas solo se volverán más malas con mayor poder. Las buenas personas, se volverán más buenas. Las afectuosas, más afectuosas. Las generosas, más generosas. Mientras buscamos más dinero e influencia, tengamos claro quiénes somos hoy, sabiendo que esto se verá magnificado cuando obtengamos poder. Y por ello, escribamos algo más: «Cuando obtenga más influencia mediante la riqueza, el estatus o la suerte, ¿qué haré con ello para permanecer fiel y orgulloso de quién soy?».

Al adquirir abundancia e influencia debemos permanecer fieles a lo que defendemos y a lo mejor de quiénes somos todos y cada uno de los días de nuestra vida. *Eso* es verdadero poder.

La acción se convierte en carácter

Nuestros actos están forjando un carácter que se levantará o se hundirá en la oscuridad del arrepentimiento. Para ser seres humanos sabios y virtuosos, se requiere conocimiento, sobre todo cuando nos enfrentamos a las siete tentaciones de la impaciencia, la decepción, la desesperación, la hostilidad, el sufrimiento, la lealtad y el poder.

El mundo nos bombardeará a todas horas con oportunidades para ser gente pequeña y rencorosa. Resultaría fácil renunciar a nosotros mismos y a nuestros sueños. Resultaría fácil tratar mal a los demás. Pero no es ese nuestro camino. La libertad y el triunfo pertenecen a aquellos que se mantienen fuertes y fieles a pesar de la tentación.

Compromiso VII

Fomentar el amor

> Algún día, después de dominar los vientos,
> las olas, las mareas y la gravedad,
> lograremos canalizar la energía del amor,
> y entonces, por segunda vez en la historia,
> el hombre habrá descubierto el fuego.
>
> PIERRE TEILHARD DE CHARDIN

No hay belleza en el mundo más perfecta, más sublime, más humana y cautivadora que el amor puro y sin complejos. Nos encontramos en nuestro mejor momento cuando damos y vivimos con amor y en el peor cuando lo guardamos, lo rechazamos o lo asfixiamos hasta aniquilarlo. El amor, a diferencia de todo lo demás, puede hacernos sobrevolar las cimas más altas o sufrir nuestra caída más profunda. En los momentos caracterizados por la presencia del amor, tocamos el rostro de nuestro yo más elevado y de lo divino. Mantenernos abiertos emocionalmente ante el mundo y entregar el corazón sin temor a sufrir, sin miedo al apego o a exigir reciprocidad es el acto de coraje humano definitivo, la experiencia de libertad personal definitiva.

El amor es nuestro origen y nuestro destino final. La amorosa energía de un poder mayor animó nuestro espíritu y cuando exhalemos nuestro último aliento, nuestro espíritu se disipará y volverá de nuevo a ese amor.

Con el trascendental poder del amor podemos renacer y reorientarnos. Cuando nos abrimos a él la vida misma puede parecer más nueva, más vibrante, más mágica y significativa. Cuando nos preparamos para nuestro destino último, cuando liberamos nuestras pueriles y egoístas necesidades y reajustamos nuestras prioridades a las del corazón podemos alcanzar por fin magníficos campos de empatía, bondad, compasión, perdón, generosidad y valor humanos.

Debemos dejar de fingir que no hay suficiente amor en el mundo para dar o recibir, como si la fuerza humana redujera o desperdiciara de algún modo el amor. El amor es una energía divina, siempre presente, accesible y fluida. Si aceptamos eso, podemos ir más allá. Podemos olvidar sufrimientos pasados, pues no tiene nada que hacer con la realidad del amor en sí. Y podemos dejar de andarnos con jueguecitos, liberando a un ritmo pausado nuestro amor al mundo solo cuando parezca seguro. Limitando cuánto amor entregamos a otros porque tememos que la ausencia es un acto de cobardía, no de fuerza divina. Y por eso ahora sintamos el amor de nuevo, desde una perspectiva diferente y divina. Sintamos su abundancia y dejemos que nos recorra con toda su fuerza de modo que podamos subir y servir a niveles que superan la imaginación humana. Por eso, proclamamos: *fomentaremos el amor.*

La estimulante energía de la vida

El deseo de amar y ser amado es una de las energías más estimulantes de la vida. Todos nuestros deseos, todas nuestras significativas esperanzas y sueños, dependen y retornan una y otra vez al amor. No se puede lograr nada extraordinario en nuestro desarrollo personal sin abrirnos al amor y liberar su alegre fuego al mundo. Las mayores victorias en la vida se ganan en los campos del amor. Sin embargo, a menudo bloqueamos esta energía divina. Echemos un vistazo a nuestra larga fila de fracasos en asuntos del corazón:

- las almas heridas y tristes, desgarradas por la pena, que no tienen el valor de amar de nuevo;
- las masas taciturnas que se han resignado al mito de que no hay nada que sentir, ningún nuevo nivel de amor que activar o extraer en sus relaciones;
- los matones quebrados que quitan la vida a otras personas porque carecen de valor para dar o pedir más amor;
- los líderes inconscientes que no pueden entender que el cuidado y la compasión son sus mejores herramientas para moldear el corazón y la mente de la gente;
- los tristes vagabundos que han ocultado su corazón a los demás, pero que se prostituyen para sentirse conectados y aceptados de algún modo, para sentir levemente la parte que con tanto miedo han guardado;
- los matrimonios sin pasión y los amantes indecisos;
- los amargados y los abatidos que sienten que se les ha arrebatado y robado el amor para siempre;
- el ritmo y la medida con la que liberamos el amor, como si fuera un recurso finito que pudiera agotarse.

Mirad con más atención aún cómo desconectamos las mejores cualidades de nuestra naturaleza e ignoramos la petición de nuestros seres queridos de que estemos más presentes y seamos más cariñosos y empáticos; alguien más amoroso.

¿Cómo no endurecerse por un desengaño y un abandono tan brutal?

Empecemos por reformar nuestra concepción del amor en sí. A pesar de la tragedia de ayer y del sufrimiento de hoy, debemos sentir y extender el amor de nuevo, esta vez poniendo más de nosotros en juego, esta vez con *más fuerza y más profundidad.*

Por supuesto, somos conscientes de que más amor es algo bueno de por sí, que abrirnos más al amor es igual que abrir los tesoros secretos de la vida, que más amor hace que empaticemos, conectemos e influyamos más en los demás. El amor es una práctica herramienta para mejorar nuestra vida. Si quienes nos rodean nos aman, debemos crear las condiciones para un entorno positivo y una vida muy satisfactoria a nivel emocional y social. Hagamos de ello nuestro objetivo.

El cierre del corazón

¿Por qué el amor está ausente, por desgracia, de tantísimas vidas? ¿Por qué el coraje para amar de forma abierta, fiel y sin medida es una premisa tan temida?

Esto empieza con el sufrimiento.

Nacimos como un recipiente rebosante de auténtico y abundante amor. Luego las cosas cambiaron. No se preocuparon de nosotros como podrían haberlo hecho. No recibimos la atención que ansiábamos. Alguien nos señaló, nos juzgó, nos ridiculizó, nos rechazó. Las malas palabras y los actos de egoísmo nos dejaron tristes y marcados. Las intenciones crueles y las retorcidas formas de amor egoísta nos quemaron, nos aplastaron, nos avergonzaron, nos abochornaron o asfixiaron. Y por eso emprendimos el largo, firme y duro trabajo de cerrar nuestro corazón, protegiendo la luz de nuestra alma, construyendo un alto muro alrededor de lo que somos capaces de sentir y dar.

Al poco tiempo, solo les permitimos a unas pocas personas, aquellas que estimamos seguras, que se asomen por encima de este grueso, frío e impenetrable muro. Y ni siquiera a esos pocos elegidos les ofrecemos algo más que unos atisbos fragmentados de lo que en realidad tenemos para dar, midiendo cuánto les mostramos, cuánto dejamos que se nos ilumine el corazón por ellos y cuándo, si acaso sucede, nos concederemos permiso para decir las dos palabras más importantes de la vida.

Esto es como sigue: medimos el amor que entregamos y recibimos, y eso nos hace sufrir.

Con el tiempo, el muro protector se ha vuelto tan impenetrable e intimidante que ha bloqueado lo único que tenía que proteger: el amor.

La tragedia de que la humanidad amuralle el amor es que la construcción comenzó y se extendió de forma caprichosa, a terribles trompicones de inmadura confusión. Cuando llegamos a la adolescencia, nos movió una histeria colectiva que decía «protege tu corazón» y empezamos a creer de forma falsa que el amor *en sí* tenía enemigos. Dejamos que las piedras y las flechas de los demás nos dieran en el corazón y sentimos que el amor estaba empequeñecido y dañado. Nos vimos arrastrados por una ignorancia colectiva que cree que el sufrimiento tiene algo o nada que ver con el amor, y por esto muchos se han ahogado en una innecesaria tristeza.

El sufrimiento no tiene nada que ver con el amor y el amor es ajeno e impasible al dolor. Decimos: *«Mi corazón está lleno de amor»*, pero el amor no está amarrado a nuestro corazón ni a nuestras relaciones y por lo tanto no está encerrado y no se le puede guardar, ni insultar, ni atrapar. Y ninguna cantidad de amor, sin importar el dolor o el sufrimiento, se pierde jamás.

El amor no está confinado en el corazón humano y por eso no se puede reprimir ni retener. No saber esto es lo que ha hecho que intentáramos proteger el amor y luego limitar su liberación con tanto miedo. Creemos que es algo finito que poseemos y podemos perder. Creemos que es escaso y frágil. Pero estamos equivocados y esta falacia es lo que hace que la vida pierda su color, es lo que nos despoja de la alegría, la conexión y lo sagrado de la vida.

La verdadera divinidad

El amor es divino. Es una energía espiritual que, en este preciso instante, fluye en el universo; en nosotros, en nuestros enemigos, en nuestra familia, en nuestros compañeros de trabajo y en más de siete mil millones de desconocidos. No tiene límite y no se puede embotellar ni proteger. Existe en todas partes de forma abundante y constante.

Dejemos que nos transforme este conocimiento: *el amor jamás estuvo ausente de nuestra vida.*

El amor no nos abandonó. No se fue a ninguna parte. Nunca estuvo menos presente para que accediéramos a él o lo experimentáramos. Estaba y sigue estando siempre presente a nuestro alrededor.

Simplemente somos menos conscientes de él.

La única cuestión ahora es cómo de bien serviremos a nuestro destino al abrirnos al amor y darle permiso para que fluya. ¿Podemos ser un recipiente puro y bueno para los demás al albergar el espacio para el amor? ¿Podemos ser un amplificador potente para el amor? ¿Con cuánta madurez utilizaremos su energía unificadora para completarnos, elevarnos y unirnos?

Nuestra capacidad para servir a este destino solo esta comprometida por la cantidad de sufrimiento que hayamos asociado a la noción de amor. Puede que nos hayan hecho daño en nuestra infancia, en la adolescencia, en nuestra carrera, en nuestras relaciones. La gente fue desagradable. Se aprovechó de nosotros. Fue egoísta y traicionó nuestra confianza y nos rompió el corazón. Pero debemos recordarnos a nosotros mismos que esa desgracia no tuvo nada que ver con el amor, y si los sentimientos de tristeza, dolor, vergüenza, arrepentimiento o desamor han oscurecido el sentido del amor, ahora debemos eliminar esa oscuridad con la luz de la verdad.

No tenemos que dudar del dolor que sentimos en el pasado. Hubo dolor.

> No obstante, un destino amoroso depende
> de que descubramos que el dolor no tiene
> nada que ver con el amor y que se ha agotado
> el tiempo de reavivar sufrimientos pasados y vivir
> con el miedo como motivación.

El dolor que sentimos ya no es relevante ni está presente a nivel cósmico. Si podemos aceptar esto, nuestra comprensión del amor puede ser liberada.

Como seres humanos capaces de tener visión, elección y voluntad, debemos reconocer que cualquier cosa del pasado es pasado, que los sentimientos amargos y la negatividad del pasado no deben ser nuestras elecciones nunca más, que el dolor de nuestro pasado ya no está presente a menos que elijamos hacerlo presente.

Debe ser nuestro propósito ahora, como adultos maduros, que cualquier pesar del pasado no tenga nada que ver con la realidad del amor en este momento. El amor no sintió esas flechas; *nosotros* sí. No es culpa del amor ni de las pobres almas que ahora reciben nuestro amor a medias que decidiéramos sacarnos esas flechas del corazón y lanzárselas a nuestra concepción del amor.

La ruta desde el sufrimiento

El único modo de abrirse paso a través del dolor y del sufrimiento es el amor. La ruta más segura de salir del sufrimiento siempre empieza en el punto de partida del amor.

Démonos cuenta de que los muros de protección que construimos eran innecesarios; no protegían nada, salvo quizá nuestros egos heridos, ya que nunca se ha podido acorralar el amor en sí. Aunque eso hubiera sido posible, nuestras altas barricadas podrían haber mantenido fuera a los malvados, pero solo a costa de mantener también fuera a los ángeles y los amantes. Todo lo que hemos hecho es impedir que el amor fluya con libertad y en abundancia dentro y fuera de nuestra vida. Al protegernos a nosotros mismos a menudo bloqueamos justo aquello que deseamos.

Una vez más —merece la pena repetirlo—, nuestro limitado concepto del amor no tiene nada que ver con lo real. El amor se mantiene divino, siempre presente a nuestro alrededor, abundante, fluyendo, accesible ahora y siempre. Es incapaz de mermar, excepto en nuestra mente.

Jamás hubo un momento en que el amor no estuviera ahí para que lo diéramos y lo recibiéramos. Y jamás habrá un momento en que el amor tenga más potencial para sanar y educar que este. De modo que no temas que un día desaparezca. La fuerza del amor no mengua con el tiempo. Siempre fue y siempre será la fuerza unificadora presente que moldea el universo y a la humanidad.

Para abrirnos al amor una vez más debemos actuar en base a este conocimiento —*fui yo quien redujo el amor*— y olvidar la noción de que los demás deben corregir nuestros errores pasados. Debemos dejar de reavivar y estar resentidos por pesares pasados. Ahí no se puede descubrir el fuego ni un tesoro. Ya no tenemos afrentas que vengar. Vendemos las heridas del pasado y coloquémoslas en el océano del amor. No dejemos que quede ninguna falsa creación mental acerca de cómo despreciaron o destrozaron nuestro amor. Moldeemos por fin de nuevo el amor, no como algo que «tenemos», sino como algo que existe de forma independiente y en abundancia en el mundo, a pesar de nuestra propia ineptitud o el egoísmo de los demás.

El avance

Todos los avances en la vida simplemente están dejando entrar mayor energía; en la mayoría de los casos, la del amor. Cuando echamos abajo los muros de la preocupación y el dolor, los brillantes rayos del amor pueden entrar una vez más en nosotros. A menudo se necesita tan solo un pequeño rayo de amor de otra persona para perforar un agujero permanente en la armadura de tristeza y negatividad que rodea nuestro corazón.

Liberados de nuestros confines, sin estar ya encogidos de dolor, podemos permanecer erguidos con los ojos abiertos, libres para sentir una vez más la energía divina y amorosa en los demás, por muy inmersos que puedan estar en su propio miedo y dolor. Con este entendimiento, la vida se ilumina otra vez y todo el espectro de color retorna a nuestro cielo emocional, y prende en el interior una pasión divina por querer, conectar y *vivir* de nuevo. Podemos pasar por alto los defectos de nuestros hermanos y hermanas y quererlos. Podemos tener compasión por un cónyuge impaciente. Podemos hallar comprensión hacia un compañero de trabajo en apuros. Podemos amar a toda la humanidad una vez más.

El cínico endurecido, como es de esperar, desechará esta charla sobre el renacimiento y la reorientación del amor. Y mientras lo hace, se mantendrá para siempre débil, lastimoso e incapaz de cualquier poder y aportación reales. Pues cuando desecha el amor, pierde la herramienta principal para alcanzar la trascendencia personal, el bien social e influencia. A aquellos que critican el poder del amor solo les llega tristeza, pues no tardarán en tildarse ellos mismos de reliquias no deseadas, irrelevantes, ciegas y toscas de una época pasada, en la que la humanidad quedó atrapada en su propio miedo.

Con el amor reverberando en nuestra alma somos capaces de motivar y alentar a quienes nos rodean con sorprendente poder. Esta energía nos hace hermosos a todos, incluso a quienes están tan preocupados por ellos mismos que casi no pueden ver lo que tienen justo ante sí. Esta energía nos proporciona acceso a todo poder que los humanos tienen para crear una conexión unos con otros; afecto, paciencia, consideración, bondad, compasión y empatía. También nos proporciona la carga para dirigir, activando dentro de nosotros la única virtud necesaria para unir a la humanidad: valor que surge del corazón.

Elevarse a un plano superior

¿Cuándo y cómo nos concedemos permiso para amar plenamente a los demás y a nosotros mismos? *Inmediatamente y sin condiciones.*

¿Significa esto que debemos *confiar* en los demás al instante? No. Para transmitir amor a otra persona no es necesaria la confianza. Podemos amar a un delincuente o a un malhechor. No es necesario que *confiemos* en ellos, pero como congéneres humanos e hijos de Dios, podemos reconocer su divinidad a pesar de que ellos no elijan sentirla o expresarla, aunque estén intentando corromper lo incorruptible. Todos los seres proceden del amor, tienen amor en su interior y retornarán al amor aunque no sean conscientes o tengan una conducta cruel. Eludir estar verdad solo permite que la indiferencia y el odio se alcen.

Sin duda, la confianza es necesaria en las relaciones. Alguien debe ganar nuestro compromiso de amor íntimo o romántico. Pero no es necesario que alguien haga algo para merecer nuestra energía amorosa. El amor no hay que «merecerlo» ni se reserva para unos pocos. La mano divina lo da libremente a todos.

Entonces ¿debemos aceptar y respetar *las decisiones y conductas* de todos? No. Podemos intentar rechazar, reformar e incluso castigar a los demás por sus errores. Sin embargo, mientras lo hacemos, podemos seguir destinando Amor a ellos, pues no tenemos que rebajarnos ni comprometer nuestro rol de seres amantes solo porque debamos lidiar con la mala conducta. Podemos castigar a un niño egoísta y cruel sin volvernos egoístas ni crueles. Podemos ayudar a un prisionero a obtener los derechos humanos básicos y a encontrar el amor aunque no aprobemos su conducta. Podemos perdonar a quienes nos ofenden sin entregarles nuestro poder.

> Esto significa que podemos tener un propósito
> divino para toda persona que conocemos,
> lo merezca o no, lo haya pedido o no,
> o corresponda o no a ello.

Puede emanar amor de nosotros a pesar del propósito o la conducta de otra persona. Podemos liberar un magnífico poder espiritual a través de nuestros ojos y gestos hacia todo el mundo, aunque no esperemos nada a cambio. Podemos liberar nuestro amor al mundo por la sola razón de que es nuestra naturaleza hacerlo.

El amor, del mismo modo que la virtud, ha de ser un asunto consciente, promovido y elegido entre todos los impulsos angelicales y bajos disponibles en todo momento en la condición humana. Y por eso, para ascender a la grandeza y volvernos generosos con el amor, debemos ser conscientes de nuestras propias debilidades y propensión a la maldad. No olvidando nunca que podemos caer en la oscuridad, podemos recordar buscar la luz. Al recordar los peligros de la crueldad, debemos desear ser compasivos y afectuosos.

> No somos ángeles; somos humanos.
> Pero intentemos de todas formas elevarnos
> a un plano superior.

Para sentir y extender el amor no necesitamos amar nosotros mismos; pero que ese sea también nuestro objetivo. La popular fantasía de que debemos amarnos primero a nosotros mismos antes de amar a los demás no sirve de nada, pues solo nos da permiso para esperar a que llegue un buen día para amar a los demás. ¿Se debe reprimir el amor hacia los demás solo porque tengamos inseguridades? Para dar amor solo debemos permitir que fluya a través de nosotros, no intentar poseerlo o tener una sensación de falsa plenitud o de perfección personal antes de exudarlo. *El amor es perfecto; nosotros no tenemos por qué serlo.* Es egoísta y estúpido creer que debemos amar cada aspecto de quiénes somos para valorar y adorar todos los aspectos de los demás. Por supuesto, debería ser nuestro objetivo aceptar y amarnos a nosotros mismos, pero podemos igualmente despreciar cualquiera de nuestras actitudes o conductas peculiares que nos roban nuestra libertad, nuestra felicidad y nuestra conexión con los demás. Si no nos gusta algo sobre nosotros mismos, podemos cambiarlo, pero no tenemos por qué esperar a que se arregle antes de fijar esa gran luz del amor en los demás. No esperaremos ese espléndido y luminoso día en que seamos perfectos y siempre rebosemos de felicidad antes de permitir que nuestro rayo de divinidad brille en los demás.

Un propósito divino

Abrirse y liberar amor es el mayor acto de valentía y la mayor libertad. Pocos entre nosotros tendrán semejante propósito divino o serán tan valientes por norma general. Pero nuestro destino debe ser diferente del destino de las personas resentidas, débiles o distraídas. Si deseamos ser una persona grande, será necesaria una impresionante liberación de amor al mundo.

Elijamos llevar una vida definida por el amor. Miremos a los ojos a todos y enviemos este mensaje a través de nuestros pensamientos y nuestras obras:

No deseo más que alegría y amor para ti.

Pero recordemos también que el amor, en el reino humano, es más que una intención que enviar a los demás. Si no hay una *demostración* real de afecto o aprecio hacia o de otra persona, no podemos dar ni sentir amor humano; amor divino, por supuesto, ya que está por todas partes, pero el amor hacia o de otra persona se debe sentir mediante los *actos*, no las intenciones. Pensar no es amar; dar sí lo es.

Hoy, al igual que todos los días de nuestra vida, tenemos decisiones que tomar en relación a qué tipo de persona seremos y cómo nos relacionaremos con el mundo. Podemos recibir a los demás sin propósitos o sin afecto. O podemos recibirlos con indiferencia y resentimiento. O podemos recibirlos con un propósito y una pasión profundamente afectuosos, con una energía plena y vital que les recuerde una vez más la espectacular abundancia del amor y la divinidad de este mundo. La decisión que tomemos determinará la naturaleza de nuestra vida, la profundidad de nuestras relaciones y la esperanza de nuestra familia humana.

Compromiso VIII

Inspirar grandeza

No sé cuál será tu destino, pero una cosa sí sé:
los únicos entre vosotros que serán realmente
felices son aquellos que hayan buscado
y encontrado la manera de servir.

ALBERT SCHWEITZER

Cuando una persona empieza a perecer de apatía, indiferencia o una falta de visión, ha de alzarse una voz de liderazgo. De la miseria de un entorno moral contaminado deben surgir unas pocas personas honradas que no teman desafiar la mediocridad y cambiar la dirección del mundo. Encontrémonos entre esos pocos valientes.

Ya que muchos eligen vidas indolentes, no temamos exigir la grandeza y elijamos la dorada antorcha de la excelencia humana que se apaga y prenderla una vez más de vida y poder para que todos la vean.

Cada uno de nosotros sirve de ejemplo viviente a los demás. Nuestro carácter y nuestra conducta pueden arrojar el brillante resplandor de la grandeza y de servir sobre los lejanos rincones de nuestra influencia o una sombra de pequeñez y egoísmo sobre los pocos desafortunados próximos a nosotros. Nuestra lucha para alcanzar una vida mejor y un mundo mejor puede inspirar a otros si proviene de un auténtico lugar de servicio o empequeñecerlos si proviene de un lugar de codicia.

Debemos tener la valentía de preguntar: «En esta época confusa, ¿estoy buscando un modelo a seguir cada día para todos aquellos a quienes amo y sirvo? ¿Estoy alentando a quienes me rodean? ¿Estoy de algún modo elevando la humanidad al conducir a que otros vean y activen su potencial? *¿Estoy viviendo una vida realmente grande?*».

Buscar la grandeza —*y realizar el trabajo para merecerla*— debe volver a nuestra conciencia colectiva. Despertemos ahora esa poderosa fuerza interior que busca despejar parte del peso del mundo de las espaldas de aquellos que luchan. Adoptemos nuestro puesto como generales de la generosidad, como líderes del más alto calibre, a los que les importa un bledo los demás y el mundo. Proclamemos con firme propósito al mundo y a nosotros mismos: *inspiraremos grandeza*.

Un mundo difícil

La gente del mundo está en peligro. Sin duda vivimos en una época ruidosa, insensible y narcisista. El talento y las atenciones de la mayoría no se invierten en dominio personal y responsabilidad social, sino que se derrocha en juegos, voyeurismo y vulgar sensacionalismo. Hemos abandonado de forma imprudente lo que de verdad importa —la lucha por ser grande como individuo y como sociedad— por el glamour y la emoción de la velocidad, la conveniencia y la vana expresión en una especie de crisis de la mediana edad que abarca toda la humanidad. Olvidadas quedaron las grandes visiones; aquí están las victorias rápidas y las cosas seguras. El esfuerzo se perdió a favor de los privilegios. En la transición hacia nuestra época de adoración a uno mismo y de arrogancia, hace mucho que se pasó página de los sueños para levantar a la gente. La grandeza se busca muy raras veces, y una generación tras otra fracasa a la hora de mantener la bondad y el progreso humanos. *¿Por qué?*

Porque la mayoría de la gente no quiere exigirse a sí misma ni a los demás criterios más elevados, porque lo primero requiere disciplina y lo último invita al conflicto. Y por eso excusan su mala conducta y no llaman la atención sobre los errores sociales. Ya no esperan que ni ellos ni los demás actúen con virtud, compasión, brillantez o sabiduría. Miran para otro lado cuando sus jefes hacen algo malo. No les dicen a sus hijos que mejoren su comportamiento porque no quieren ser demasiado controladores. No pueden decirle al equipo que se ponga en forma porque no quieren parecer autoritarios.

> Sin más gente que decida servir como modelos
> y líderes a seguir, nuestra sociedad se ha convertido
> en un doloroso caso de gente silenciosa e insulsa
> que dirige a gente silenciosa e insulsa.

Existe una confusa complacencia; todos saben que hay más para nosotros, pero supone tomarnos demasiadas molestias organizarnos para ir a por ello. Resulta más fácil disfrutar de nuestras comodidades, de nuestros beneficios, de nuestra despreocupación. Dichos hábitos han reducido nuestra grandeza individual y han llevado a una falta de liderazgo a nivel mundial. Esto se hace evidente cuando vemos una población apática, pobreza injustificable, codicia desmesurada y un mundo asolado y lleno de trampas por la guerra. Si continuamos por este camino, la historia no será amable con nosotros y un destino estafado se cobrará su venganza.

¿No hay una persona entre nosotros que piense que podemos hacerlo mejor si lo intentamos? Los pesimistas nos dirán que no se puede hacer nada. Dicen que el mundo se va al traste; es irrecuperable. Imaginan que la humanidad es demasiado triste y egoísta como para ser capaz de corregir sus errores. Pero ¿es esto cierto?

Quizá algunas personas estén tan inmersas en los desafíos de sus vidas que apenas pueden inspirarse a sí mismos, mucho menos a otros. Pero también es cierto que hay algunas personas que están haciendo todo lo que pueden para mejorar el mundo. Estas personas despiertan cada día y luchan con denuedo para tener un mañana mejor, buscando el aprendizaje y el desafío con el fin de crecer y aportar, y que se preocupan por su integridad y el carácter de sus hijos y sus comunidades. Si la mayoría de la población del mundo no trabajara duro, no se preocupara por los demás o portara la brillante llama de la bondad en el alma, hace mucho tiempo esta tierra habría perecido. Al haber dominado el átomo y la maquinaria de la muerte que es la guerra moderna, el mero hecho de que estemos vivos ahora revela una amplia preferencia por la vida y la virtud.

Y ahora estamos en un lugar fascinante donde miles de millones de personas deseamos desesperadamente que el mundo mejore y queremos algo a lo que darnos, en lo que creer y por lo que luchar. Estamos deseando aportar nuestra creatividad, nuestro sudor y nuestra pasión a algo que importe, a algo que mejore nuestras vidas y las vidas de los demás. Estamos ya cansados de esperar. Por eso, seamos líderes.

Enderezar nuestro barco

Debemos empezar en casa. Sentémonos esta noche con nuestras familias y echemos un buen vistazo a la persona en quien nos hemos convertido. ¿Estamos siendo amantes y padres fuertes, hijos buenos y leales, fieles defensores de aquellos a quienes queremos? ¿Está bien nuestro hogar? ¿Qué podríamos estar haciendo mejor en el mundo como una familia?

La gente buena a menudo no se convierte en gente grande porque evitan examinar con honestidad las vidas personales. Intentan guiar a los demás, pero no se guían a sí mismos, y en un momento dado, esa incongruencia les pasa factura y los hace perder el rumbo. Así que preguntemos: «¿A qué he de enfrentarme por fin y arreglar en mi propia vida? ¿Tengo que comer de manera más sana? Pues lo haré. ¿He de tratar a mis hijos con más paciencia y cariño? Empezaré a hacerlo. ¿He estado postergando tareas que podrían ayudar a mi familia? Pues las terminaré». Al dirigir nuestra propia vida, estamos preparando nuestra mente y nuestro espíritu para dirigir el mundo.

A medida que buscamos más influencia e intentamos cambiar el mundo, atraeremos más atención sobre nuestra vida. Esto debería inspirarnos a que nos preocupemos por ser un modelo a seguir y motivarnos para enderezar nuestra vida. Si queremos ser buenos para nuestros colaboradores, seamos buenos para nuestras familias. Si queremos que la gente tenga energía para cumplir con sus tareas y deberes, cuidemos de nosotros mismos para que seamos su inspiración. No hay ningún gran filósofo o líder que no se haya preocupado por recordarnos que nosotros debemos ser el cambio que buscamos en el mundo.

Diferenciarse

Una vez que tengamos nuestro hogar en orden, debemos proponernos reconectar con el mundo. Nuestro objetivo debe ser ayudar a los demás a encontrar proyectos y causas significativos propios. Esta es una diferencia vital en una época en que tantísimos líderes están imponiendo por la fuerza sus propios planes a su gente. Han olvidado que ese servicio no es un acto egoísta.

Si logramos ser grandes, tendremos que ser muy diferentes de los egoístas y extremistas que han robado el manto del liderazgo y se han infiltrado en la psique del mundo.

Mirad lo tristes que se han vuelto muchos de los supuestos líderes. Estos temen volverse impopulares, por eso no toman decisiones difíciles ni apropiadas, prefiriendo en cambio charlas infinitas, compromisos constantes y obediencia a las disciplinas de voto frente a las necesidades del público. En tanto que ellos tienen miedo, nosotros destacaremos siendo valientes.

Son despectivos con quienes no tienen poder igual o superior al de ellos y raras veces hablan con la gente normal y con quien está en primera línea. En tanto que ellos son elitistas, nosotros seremos humildes y estaremos en el campo con aquellos a quienes dirigimos.

Evitan el debate apasionado y cualquier demostración de emoción, con la esperanza de aparentar siempre ser estirados y lógicos. Su humanidad se convierte en la de un ordenador, desapasionada y desconectada del corazón. En tanto que ellos han abandonado los sentimientos, nosotros viviremos con pasión y atracción en un mundo tan desesperado por experimentar emociones auténticas y conexión.

Parecen cansados, mucho mayores de la edad que tienen, incapaces de conservar la fortaleza en su coz y su porte, con caras largas y miradas distantes que delatan su agotamiento. En tanto que ellos carecen de vitalidad, nosotros la exudaremos.

Su discurso y política públicos satisfacen a los remisos y extremistas que más alto se quejan a su alrededor, perpetuando un lenguaje y unas creencias que tienen un mínimo común denominador mientras que nos separan en campos de estúpidos estereotipos. En tanto que ellos se inclinan ante los extremistas y se comunican con escasa inteligencia, nosotros aportaremos una tercera perspectiva de colaboración y conciencia.

Suelen ser tontos reaccionarios, que se inclinan y se quiebran ante los caprichos de unos medios de comunicación superficiales y por eso no defienden nada y pretenden conformarse con la naturaleza populachera de la comunicación de masas. En tanto que ellos carecen de dignidad e integridad, nosotros mantendremos las nuestras.

Rehúyen la responsabilidad, siempre señalando y culpando a otros como niños mimados. En tanto que ellos han seguido sin rendir cuentas y se han negado a responsabilizarse de sus actos y sus consecuencias, nosotros siempre seremos responsables de los nuestros.

Codician los focos y el dinero y por eso hacen campaña para conseguir más dinero y más poder. En tanto que ellos son codiciosos, nosotros seremos sencillos y lucharemos por aquellos que sufren a causa de las carencias.

Prefieren los expertos y las comodidades del orden establecido, olvidándose de escuchar a los jóvenes e inexpertos que pueden ver el mundo y sus problemas desde un punto de vista fresco. En tanto que ellos desestiman a los no iniciados, nosotros haremos de ellos nuestros amigos y consejeros.

Son cínicos y creen que el cambio solo puede producirse despacio o mediante la formalidad y la tradición. En tanto que ellos no han experimentado el poder del movimiento, nosotros iniciaremos nuestro propio movimiento.

Debemos exigir estas cosas para nosotros. Seamos lo bastante valientes como para crear nuevos caminos, diferenciándonos de aquellos que han fracasado en llevar nuestros negocios, nuestras comunidades y nuestros países a niveles más altos de excelencia y grandeza.

No importa el puesto que ocupemos en el trabajo, en la escuela o en nuestra comunidad, enseñaremos al mundo un ejemplo alternativo preocupándonos siempre lo suficiente como para ser extraordinarios y unificadores.

En un mundo que lucha por tener esperanza y que desea alcanzar la luz y el liderazgo, buscaremos brillar como faros.

Pocos discuten que el mundo necesita líderes nuevos y diferentes. Por eso sentémonos esta noche y escribamos nuestros manifiestos sobre cómo vamos a ser diferentes. Escribamos y escribamos: ¿qué creencias y causas apoyaremos? ¿Cómo abordaremos de nuevas formas los asuntos y problemas del mundo? ¿Qué inspirará un nuevo movimiento? ¿Cómo podemos levantarnos?

Exige valores más elevados

Si cambiamos las cosas, no lo haremos solos. Y por eso debemos aprender pronto a no temer exigir que los demás adopten normas más estrictas si desean marchar con nosotros. Si queremos inspirar un verdadero cambio y progreso, debemos esperar más de aquellos que nos rodean de lo que otros esperan.

Este no es un territorio nuevo. Hay un camino bien pavimentado hacia la grandeza, hecho por una larga senda de hombres y mujeres trabajadores y honrados que nos dieron la libertad que disfrutamos hoy. ¿Cuáles fueron sus secretos para lograr grandes cosas e inspirar a otros para que colaboraran? *Fueron constantes al exigir acción y excelencia.*

Asimismo, gran parte del impacto de nuestro legado en este mundo depende de nuestra disposición a exigirle más a la gente.

Exigir no significa ser avasallador ni dominante, aunque un líder no debe eludir esto. *Exigir* entraña establecer expectativas, comunicarnos con franqueza, hacer que las personas se ciñan a normas estrictas incentivando a quienes aceptan el desafío al tiempo que retan e instruyen a aquellos que no.

Dado que a muchos no les agrada el concepto de reprender a los demás en el entorno excesivamente tolerante de hoy en que la gente quiere ser amigos y no líderes, debemos revisar el concepto.

> Una sociedad que carece de buena gente dispuesta
> a denunciar la maldad o las normas laxas, solo puede
> degenerar en oscuridad y mediocridad.

Cuando la gente hace algo malo, necesita que se le diga que está haciendo algo malo. De lo contrario, los valores se desploman. El adolescente que hiere a los demás necesita que le digan que pare, sin reparos, a menos que deseemos toda una generación de adultos egoístas y crueles. El político que miente necesita que le reprendan, a menos que deseemos un país dirigido por mentirosos. El compañero de trabajo que hace las cosas a medias necesita una charla, a menos que deseemos un lugar de trabajo lleno de tramposos y conspiradores. *Esto es lo que requiere un mundo virtuoso: gente franca dispuesta a exigirse el máximo a sí misma y a los demás.*

Debemos aprender a moldear y afrontar las creencias y conductas de los demás para que todo el mundo avance hacia un objetivo significativo. Esto suele entrañar decirle a la gente que no está dando la talla o que podría estar contribuyendo de formas mejores. Aunque sea aterrador para muchos —e impopular en un mundo que le dice a su gente que no cree ningún problema ni espere nada significativo por parte de los demás—, ¿cuál es la alternativa? ¿Estarse calladito mientras el mundo se vuelve cada vez más apático, deshonesto y corrupto?

Algunas personas nos dirán que no esperemos demasiado de los demás. Nos dirán que es injusto desear más de la gente. Aquellos que dudan del poder y del potencial de la gente dicen: «No seas duro con los demás. Son débiles y están cansados, así que establece objetivos pequeños para ellos o se sentirán superados y muy a menudo decepcionados». Estos son los abucheos de la mediocridad. No debemos hacer caso a los escépticos ni permitir que nuestra pequeña imaginación considere a los demás menos vitales y poderosos que su potencial, sin importar su estado actual. ¿Quiénes somos para cuestionar la capacidad de alguien para crecer o ser grande o para menoscabar los poderes latentes de los hijos de Dios? Fijémonos en la cara de las personas, pero tengámoslas en gran estima y respeto. Solo así nos granjearemos su favor y su disposición para levantarse.

Las nueve virtudes de la grandeza

¿Qué debemos exigir exactamente a los demás? Lo mismo que nos exigimos a nosotros mismos: una conducta que se convierte en un carácter honrado, atención a nuestros defectos y puntos fuertes, una disposición a ser excelentes en nuestro servicio al mundo aun cuando esto se vuelva agobiante y complicado.

Esto lo haremos inspirando y desafiando a los demás a que actúen con prudencia y virtud en cualquier aspecto de sus vidas en el que nosotros ejerzamos influencia. Si nos hacen caso, sembremos las semillas de la grandeza inspirando las nueve virtudes de la grandeza.

Exijamos honestidad. Todo el mundo quiere llevar vidas íntegras con orgullo y honestidad. Quieren ser honrados. Detestan tener que mentir, quedar expuestos como mentirosos y quedar atrapados en la telaraña de falsedades de los demás. Sin embargo, ¿con qué facilidad estas mismas personas realizan pequeñas afirmaciones falsas y se salen con la suya debido a una sociedad indiferente? Seamos nosotros quienes mantengamos la honestidad y denunciemos cada transgresión. Seamos nosotros quienes empujemos a la gente a ser sincera en su vida. Si alguien miente, hablemos con ellos de inmediato y digámosles: «Me preocupa tu nivel de sinceridad». Esto se llama franqueza, y demuestra una disposición a exigir el máximo a las personas. Debemos ser inflexibles en lo referente a la verdad y debemos inspirar a los demás a hacer lo mismo.

Exijamos responsabilidad. Mucha gente tiene un sentido de la responsabilidad innato hacia sus actos, pero también hay muchos que lo evitan en nombre de la comodidad. Saben que deberían terminar el informe que prometieron, pero preferirían ir al partido. Saben que está mal no pagar su pensión alimenticia, pero prefieren quedarse el dinero para pagar su alquiler. Saben que deberían ser responsables de sus propios actos, pero es más fácil eludir su deber y culpar a sus padres o a su cultura de su mala conducta. Pero cuando alguien prefiere la comodidad al deber, muchos sufren.

Nuestro trabajo como líderes es activar y alentar una naturaleza más responsable en aquellas personas a las que nos encontramos. Cuando aquellos en quienes influimos no logran cumplir con su deber o ser dueños de su propia realidad, debemos ayudarles a ver al completo el lienzo de las consecuencias negativas que están creando para sí mismos y para los demás. Diremos: «¿Te das cuenta de que cuando no cumples con tu responsabilidad y no entregas ese informe, todo tu equipo tuvo que esperar y se quedó desinformado en la última reunión? ¿Eres consciente de que al no pagar la pensión alimentaria, tu hijo se vio obligado a robar comida en la tienda de la esquina? ¿No ves que tanto culpar a tus padres y a la cultura no te lleva a ninguna parte, que solo tú eres responsable de tus actos y del rumbo de tu vida a pesar del pasado?».

Es difícil señalar los errores o fallos de los demás, pero debemos hacerlo si pretendemos dirigir. Podemos ser amables y comprensivos, pero seamos directos y apasionados al ayudarles a mejorar para el futuro. Si no estamos dispuestos a señalar cuando alguien está siendo irresponsable con sus deberes y su conducta, no somos adecuados para dirigir.

Exijamos inteligencia. El mundo se ha llenado de gente que ignora los graves problemas que afectan a sus vidas y sus comunidades y que solo están informados de manera superficial en su campo de experiencia. Sin embargo, a medida que las personas se vuelven más ignorantes, se hacen más cínicas; no se han tomado la molestia de averiguar qué es cierto, así que rechazan los hechos de que eran demasiado vagos o parciales como para examinarlo.

No debemos continuar festejando la ignorancia de nuestra sociedad. Nuestra cultura moderna adora a los tontos en televisión, el rostro sin cerebro en la revista, el extremista desconsiderado en la radio. No debemos ignorar el hecho de que nuestros hijos están viendo esto y volviéndose ignorantes. Si queremos ser grandes debemos asumir la responsabilidad para ayudar a los demás a aprender, a explorar, a pensar de forma crítica y a crecer en sabiduría.

Para todos aquellos en quienes influimos y a los que dirigimos, debemos ser modelos a seguir y esperar más consideración y más inteligencia. No dejemos de pedirles a nuestros hijos que estudien más, a nuestros compañeros de trabajo que se documenten más, a nuestros medios de comunicación que presenten noticias más equilibradas e informadas. Si alguien nos hace una pregunta ignorante, debemos animarle a pasar más tiempo preparándose. Si un compañero de trabajo actúa de manera ignorante, debemos aconsejarle que se vuelva más culto y asignarle un mentor. Y si somos testigos de auténtica sabiduría, genio o creatividad en cualquier campo al que sirvamos, seamos su principal defensor e incentivemos la inteligencia.

Exijamos excelencia. Para aquellos destinados a la grandeza, todas las cosas han de hacerse bien y hasta el final. Debemos luchar por alcanzar el mayor nivel de trabajo y de éxito en todo lo que hacemos. Y a nadie de nuestro círculo se le debería permitir abordar su trabajo con la mitad de interés o esfuerzo esporádico. Si encontramos una persona así entre nosotros, seamos francos con ella acerca de nuestras altas expectativas y hagamos todo lo que podamos para ayudarla a alcanzarlas. Pero si no lograran alcanzarlas con rapidez, debemos apartarlas con igual celeridad. No tenemos tiempo para la mediocridad en nuestra marcha. Hemos de dejar atrás a aquellos que no comparten nuestro interés por la excelencia, pues no aportarán nada significativo y no se les puede guiar por nuestro camino particular. No es necesario que nos preocupemos de separar a los malos ejecutantes; no tardarán en remontar y encontrar su propio camino. Esto no es ser despectivo, cruel o desagradecido; tan solo es permitir que la gente descubra dónde es en realidad necesario su nivel de aportación y talento. Nosotros no los juzgamos y no tenemos que pretender «arreglarlos». En nuestro propio viaje, sencillamente elegimos rodearnos de aquellos que están de acuerdo con nuestros valores y nuestra misión. Jamás debemos dudar en establecer la expectativa para un desempeño de primera. Ampliamente compartido, esto se convierte en un firme valor que inspira a todo el mundo para alcanzar una mayor calidad de la acción.

Exijamos valor. El destino del mundo depende del número de sus moradores dedicados a los actos de valor. En todas las áreas de influencia debemos vencer nuestros temores e infundir la misma fuerza en aquellos a los que queremos y servimos. Debemos motivar a la gente no para que hable, sino para que actúe, sin permitir jamás que los demás dejen que las palabras sustituyan al verdadero esfuerzo. Podemos ayudar a los demás a preferir la acción preguntando: «¿Qué has hecho tú al respecto?», tanto como: «¿Qué opinas al respecto?».

Cuando vemos a los demás sumirse en el silencio o apartarse de sus sueños, debemos preguntarnos *por qué*. Si su respuesta está llena de excusas y debilidades, debemos encargarnos de recordarles el poder de su voluntad y de su fortaleza. El valor a menudo se cultiva mediante el enfrentamiento: obligando a los demás a enfrentarse a sus miedos y a las injusticias, enseñando a la gente a ayudar en vez de a ocultar, pidiendo sinceridad por encima del silencio, urgiendo a los demás a ponerse en pie en vez de a echarse atrás.

Exijamos respeto de los demás. El resplandor del respeto nutre todas las demás virtudes de la conexión humana: bondad, compasión, justicia, empatía, amor. Debemos mostrar un *grandísimo* respeto a quienes pretendemos inspirar, aunque seamos duros y exigentes con ellos. Y debemos pedirles que ellos muestren a otros el mismo respeto. Cuanta más gente dirijamos, más podemos prever que exista falta de respeto en nuestras filas, hacia nosotros o hacia los demás. Seremos amables con el responsable, aunque inflexibles a la hora de pedir una disculpa y una rectificación. Darle a la persona irrespetuosa afecto y paciencia, pero también una clara advertencia. No toleraremos una conducta que sea despectiva, cruel o condescendiente. Si fracasamos en esto, dejamos de ser dignos de respeto.

Exijamos atención. Entre los grandes hay una sana paranoia, una exacerbada preocupación por las oscuras sombras de la apatía que podría superar una buena causa en cualquier momento. Todo lo que hace posible un éxito constante —empuje, disciplina, persistencia, compromiso— proviene de un cuidadoso conocimiento de eso por lo que luchamos, de lo que podría hacer que fracasáramos, de nuestra ética, de los progresos que estamos realizando. Pedimos atención al hacer que todos se centren en las cosas que importan y al ser sinceros acerca del progreso hacia dichas cosas. No debemos dejar de repetir «Presta atención. Sé consciente de lo que hacemos, de dónde debemos hacerlo mejor y de lo que se interpone en nuestro camino». Los grandes líderes están alerta de forma consciente; están alerta, pero serenos.

Exijamos servicio. Muchos han olvidado la carga que nos dejaron nuestros antepasados: encauzar nuestra energía, conocimiento y talento a cambiar las cosas. ¿Por qué luchamos si no es para mejorar las vidas unos de otros? Debemos trabajar por nuestras familias, nuestras comunidades y nuestro mundo. Hacer un servicio es la intención de hacer el bien y hacerlo por los demás, ser una verdadera y afectuosa ayuda para ellos en momentos de necesidad. ¿Se preocupan de verdad por los demás las personas que nos rodean? ¿Quieren ayudar a la gente? ¿Procuran hacer lo necesario y sorprender a aquellos con quien luchamos y a quien servimos?

Quienes no albergan esta virtud en el corazón no deben formar parte de nuestro círculo. Eliminémoslos de inmediato, ya que los egoístas y los despreocupados nos apartarán de la gloria.

Exijamos unidad. Los pilares de una comunidad no pueden ser fuertes cuando los cotilleos y la mezquindad los corroe. Debemos inspirar en los demás sus tendencias naturales hacia la tolerancia, hacia la creación de vínculos y hacia la hermandad. Debemos siempre recordar a los demás que «Estamos juntos en esto». Esta en la expectativa más básica de todo liderazgo en cuanto la gente adecuada está involucrada; que marchamos juntos hacia algo importante;

que debemos trabajar juntos, permanecer juntos, luchar juntos y alcanzar el éxito juntos.

Jamás debemos ser líderes débiles y pequeños que inician peleas dentro de nuestras filas. Nuestra comunicación siempre debe llevar el tema de la unidad. No cotillees. No dividas el equipo. No hagas que una separación parezca más importante que las demás.

Si vemos que otros se vuelven egoístas o demuestran escaso interés, les recordaremos su gran conexión y servicio con los demás. Podemos elogiar a un individuo pese a seguir encauzando su atención hacia su impacto positivo sobre el equipo y la cultura. El momento en que triunfamos es cuando nuestra gente dice «nosotros» o «nos» más que «yo» o «mí», cuando vemos que nuestra gente celebra junta los triunfos, cena junta, llora junta, lucha junta.

Sinceridad. Responsabilidad. Inteligencia. Excelencia. Valor. Respeto. Atención. Servicio. Unidad. Estas son las virtudes de la grandeza que debemos ejemplificar y esperar. Son las virtudes que forjan personas extraordinarias y que pueden blandirse como una espada contra muchos de los males del mundo.

Las exigencias de dichas virtudes son duras y difíciles. Algunas personas cuestionarán cómo podemos dejar atrás sin más a quienes no cumplen con semejantes valores. Pero pongamos freno al gran engaño que dice que todo el mundo tiene que formar parte de cada viaje que hagamos. La realidad es que algunas personas no querrán unirse a nuestra marcha y se les debe permitir excusarse sin vergüenza ni remordimientos. No todo el mundo necesita ser parte de cada iniciativa y no todos pueden cumplir las normas de la excelencia a fin de lograr lo extraordinario. Y por eso busquemos a quienes están plenamente comprometidos y son capaces y dejemos que el resto encuentre sus propias pasiones e intereses.

La muerte de la oscuridad

Si inspiramos dicha grandeza en nosotros mismos y en aquellos con quienes luchamos y servimos, ¿cuál será su propósito? Nada menos que la muerte de la mediocridad en nuestro círculo de influencia.

Quizá sea cierto que siempre habrá valores poco exigentes en una sociedad tan inmensa, y quizá porque el cambio mundial tarda tanto, solo los muertos ven el final de la guerra, la pobreza y todos los demás fracasos sociales. Pero nosotros, los vivos, debemos intentarlo de todas formas. Luchemos al menos para poner fin a muchos de los males de la sociedad. Pues si no lo hacemos, ¿quién lo hará y cuándo? ¿Qué dirá la historia si no aspiramos a algo mejor?

¿Puede haber un nuevo amanecer de la humanidad en el que más de nosotros nos convirtamos en grandes hombres y mujeres de carácter y de conciencia? Si dudamos de eso, estamos abocados al fracaso. Pero si levantamos este manto de generaciones previas, lo llevamos más allá y compartimos su carga y su esplendor con más amplitud, nos convertiremos en ejemplos de grandeza que los futuros niños celebren y a los que aspiren. Por eso, por respeto a la sangre y las victorias ganadas con tanto esfuerzo de aquellos que nos han inspirado, y como deber hacia las personas que queremos y servimos y las que nunca conoceremos y que esperan recibir inspiración, *levantémonos ahora* y *volvámonos grandes*.

Compromiso IX

Ralentizar el tiempo

> El objetivo de la vida es vivir, y vivir
> significa ser consciente, gozosa, ebria,
> serena y divinamente consciente.
>
> HENRY MILLER

La vida debe ser un vibrante y sentido mosaico de momentos significativos. Debe ser una maravillosa relación amorosa vivida a fondo e incondicionalmente comprometida con nuestra experiencia diaria. Se supone que debemos sentir esto y aquello, involucrarnos con lo que sea que se presente ante nosotros con conocimiento y entusiasmo, desenvolviendo con júbilo los regalos que el destino ha decidido darnos.

No debemos perdernos este momento. No estábamos destinados a pasar por la vida medio adormecidos, ajenos a nuestros sentidos y a nuestro entorno, sordos y ciegos a las mágicas virtudes del momento. Este día hay que disfrutarlo como una parada en un fresco riachuelo durante la canícula del verano. Aun en los malos tiempos, deberíamos mirar a nuestro alrededor con asombro, contemplando las hermosas escenas y los pequeños milagros que sin duda nos rodean, fascinados con cualquier atisbo de esperanza en la oscuridad, como contemplar un campo bañado por la luna y lleno de un millón de silenciosas luciérnagas.

No debemos perdernos este momento. Nuestro cerebro no se construyó para este frenesí, obligado a centrarse en todo y en nada, acelerado y aturullado por jarabes y estimulantes, repleto de tanta información negativa fortuita y tantas tareas inútiles que nunca hay un foco de atención único en el que sumergirse, que lograr o celebrar. *No debemos perdernos este momento.* Nuestros cuerpos no se diseñaron para el deterioro de una vida sedentaria repleta a rebosar de indolencia, pereza y horas sentados tras mesas, despojados de los placeres del contacto, del movimiento y del bendito agotamiento físico de un buen día de trabajo haciendo o construyendo algo de verdad.

No debemos perdernos este momento. Nuestra alma no debe estar atrapada en el pasado, soportando inútiles ataduras de antiguas historias, encerradas por viejas iras y arrepentimientos, incapaces de sentir y renacer en la blanca y limpia amplitud del ahora.

No debemos perdernos este momento. Nuestras familias no desean una vida de frenética celeridad; no quieren que nuestra ausencia, ni física ni mental, sea su único recuerdo de nosotros.

No debemos perdernos esto, esta *vida.* Pero lo hacemos, exhaustos, estresados y apartados del presente. El coste es inmenso; muchos momentos borrosos por la celeridad, la preocupación y el pánico, creando la catástrofe que supone una vida carente de alegría.

Podemos experimentar muchísimo más de la vida. Se requiere muy poca concentración y esfuerzo para aumentar nuestra conciencia del regalo de cada día, para introducir de nuevo más profundidad, más sentimiento y más sentido en la vida. Hagamos de eso nuestro objetivo. Debemos apartar nuestra atención del caos y centrarla de nuevo en el verdadero orden del universo, que nos da libertad y paz ilimitadas en este momento. Debemos respirar una vez más. Debemos contemplar nuestro entorno y dejar que nuestro cuerpo sienta de nuevo. Debemos conectar nuestro corazón con nuestra vida, imbuyendo una vez más los esfuerzos presentes de esperanza, pasión, y amor. Esto solo requiere una nueva utilización de nuestra atención, tiempo y energía, un propósito y un paso en la vida diferentes. Debemos ralentizarlo todo para poder sentirlo una vez más, disfrutarlo una vez más, vivirlo quizá por primera vez. Este es el momento de empezar por fin a disfrutar de las cosas buenas de la vida. Por eso, proclamemos: *ralentizaremos el tiempo.*

El tiempo es finito

Este es el predecible grito de los desorientados y los arrepentidos: *creía que habría más tiempo.*

Lo decimos cuando nuestros hijos abandonan el hogar, como si planeáramos apreciarlos y admirarlos un día, algún día en el futuro cuando estuviéramos menos estresados, antes de que alzaran el vuelo. *Creía que habría más tiempo para disfrutar de ellos y verlos crecer.*

Lo decimos cuando nos quitan nuestro trabajo, como si reconociéramos que teníamos más que dar, como si fuera injusto que no llegáramos a darlo, como si esperáramos aparecer un buen día y tener éxito y contribuir de verdad. *Creía que habría más tiempo para demostrar excelencia y dejar mi marca.*

Lo decimos cuando nuestro amante se va, pillándonos con la guardia baja, como si nos pillara por sorpresa, sin el más mínimo indicio, como si no fuera culpa nuestra que la magia hubiera desaparecido mucho antes, como si algún día fuéramos a ser mejor pareja. *Creía que habría más tiempo para expresar lo mucho que te quiero.*

Lo decimos cuando morimos, cuando una Mano mayor frustra nuestro último y fracasado intento de aferrarnos a la realidad, el aire escapa de nuestros pulmones, el dolor pasa de intenso a apagado y por último a la paz y la luz. Si hubiéramos vivido una vida no sentida y llena de arrepentimiento, nos diríamos esto a nosotros mismos, como si siempre hubiéramos planeado vivir pronto, como si nos pillara por sorpresa que al final no haya más tiempo para vivir, para amar, para preocuparse, como si no nos hubiéramos dado cuenta de que el tiempo corría, como si no hubiéramos sido conscientes de que nos llamarían. *Creía que habría más...*

¿Acaso no sabíamos todo esto? ¿Cómo se nos escapa tan temerariamente la ironía de todo ello? Que aquí, en un universo infinito, el tiempo es finito para nosotros; que aunque no podamos discernir el orden y la razón de todo, el resultado es predecible. La vida nos será arrebatada de golpe y demasiado pronto, quizá de forma brutal o con facilidad, pero seguramente sin más bombos ni platillos, que aquellos que, con suerte, el amor que haya reunido a nuestro alrededor.

¿Por qué, cuando ese momento llega, son tantos los que ahogan un grito, suplican y ruegan otra mano más de cartas, como si el Crupier conservara la paciencia hacia un bala perdida que ni siquiera jugó nunca las cartas que Él había repartido con tan generosidad?

Podríamos lamentar el declive venidero. Podríamos tratar de evitar el día en que llegue la muerte y nos susurre al oído que es nuestro momento predestinado para retornar al amor. Podríamos rechazar lo que ocurrirá. Podríamos no fijarnos en las señales que recibimos para que disfrutemos la vida mientras podamos, ya que la gente a la que queremos muere, ocurren accidentes y el azar golpea como un rayo que cae de un cielo despejado. Pero en cambio no pensamos en nuestra mortalidad en modo alguno. Continuamos ojeando nuestros elegantes relojes y agendas repletas con pánico, preguntándonos dónde tenemos que estar, ciegos y sordos de tal modo que el destino agita sus brazos, gritando en este mismo momento de realidad y diciendo: *Amigo mío, amigo mío, ya estás donde debes estar, ¿es que no lo ves? Deja de buscar otra cosa y mira y siente todo a tu alrededor. Todo está aquí ya. Piérdetelo y te habrás perdido al vida.*

Nada salvo la novedad

Demasiadas personas huyeron de este momento por el ayer o por el mañana, soñando con un tiempo y un lugar en el que preferirían estar. Quienes están vivos pero en cierto modo viven en un tiempo distinto del presente son fantasmas. Sus seres queridos nunca los ven o los perciben por completo; la generosidad del universo no puede encontrarlos para prodigarse con ellos; están dispersos, ausentes de la lista del ahora.

No continuemos cometiendo el error de estar tan distraídos de nuestro presente, de este momento. No es necesario que nos sintamos avergonzados por haber estado distraídos y no debemos estar resentidos con aquellos que no han estado pendientes de nosotros. Nos hemos perdido momentos, pero eso no se puede deshacer. Se terminó nuestra ausencia del pasado con aquellos que amamos y dirigimos; esos momentos no volverán, por mucho que queramos aferrarnos a ellos con desesperación. Lo que nos perdimos, perdido está. No hagas la pena más profunda.

> No podemos añadir nada al ayer y no debemos asociar nada a lo que hicimos ni a lo que no hicimos, pues todos esos momentos se han esfumado ya, atrapados solo en las historias en nuestra mente.

Tampoco debemos guardarles rencor a los demás, porque es muy probable que con el tiempo nuestra sensación de desconexión se iguale a la de ellos, y al condenarlos a ellos nos condenamos a nosotros mismos. Algunas personas no ven que las necesitamos. A otras les da igual. Ya no importa.

Lo único que importa está aquí ahora, delante de nosotros, para que lo vivamos, lo definamos y lo experimentemos a placer.

Podemos respirar hondo hoy y fijarnos en que no hay nada que huela al pasado. En este momento solo hay novedad, un espacio en blanco, nada salvo un campo abierto de posibilidades listas para que las sintamos y las exploremos. Recibámonos con la intención y la capacidad para explorarlo con amor, *despacio*.

El animal sensorial

Para ralentizar el momento debemos aguzar nuestros sentidos. Para sentir algo más debemos asimilar más o sentir más hondo lo que ya está aquí.

Todos tenemos vívidos recuerdos de instantes en los que una crisis o un momento hermoso pareció ralentizar el tiempo. Doblamos una esquina y vimos un accidente; nos sentamos al lado de alguien a quien queríamos mientras moría; vimos con orgullo desde el público cómo se graduaban nuestros hijos. En esos momentos nuestro intenso estado de alerta hizo que la escena se desarrollara a cámara lenta. Al saber de este poder, podemos elegir encauzarlo a voluntad, ralentizar nuestra experiencia del tiempo y de la vida misma.

Sentir nuestro entorno forma parte de nuestra naturaleza. Somos animales sensoriales muy sensibles. Nuestros dones de la vista, el olfato, el tacto, el gusto y el oído se pueden encauzar y utilizar como un gran receptor para recibir y magnificar el flujo del presente.

Ralentizar el tiempo, siempre, empieza con la *respiración*. Cuanto más honda y prolongadamente tomemos aire, más oxigenado está nuestro cuerpo y más se intensifica nuestra energía y nuestra presencia. Sin embargo, la mayoría no somos conscientes de cómo respiramos. Lo hacemos de forma superficial, inhalando sin percatarnos de este profundo y refrescante remanso de oxígeno que nos rodea. En las raras ocasiones en que utilizamos nuestra respiración, esta surge en resoplidos y gruñidos de descontento o agotamiento. Pero la vida no puede sentirse a fondo si no asimilamos el momento y oxigenamos nuestro cerebro para alcanzar pleno poder y un estado de alerta mediante una respiración profunda y presente. Cuando estamos sensibilizados con nuestra respiración y profundizamos y prolongamos el volumen de aire que inspiramos, tiene un impacto inmediato y extraordinario en el modo en que experimentamos el momento. Podemos respirar antes de dar un discurso o realizar una actuación. Podemos respirar antes de una conversación dura con un amante o un amigo. Cuando estamos esperando en la cola de la tienda, haciendo ejercicio o sentados a nuestra mesa, podemos acordarnos de asimilar la vida y sentirla con cada aliento.

Intentemos fijar nuestra atención en cada bocanada de aire. Deberíamos meter aire en el estómago como si infláramos un gran globo, sintiendo el aire ascender hasta nuestro pecho, y luego dejarlo salir despacio, con controlada fluidez. Resulta difícil, si no imposible, realizar este tipo de respiración a cada momento; nuestro subconsciente no tardará en tomar de nuevo el timón y retomar la respiración superficial. Pero se puede condicionar para que dure más; si nos concentramos en ello, la costumbre se hace más fuerte y, con el tiempo, se vuelve automática. Para estar más presente, comprobemos nuestra respiración varias veces cada hora y sobre todo en momentos que queramos sentir y recordar.

Podemos ralentizar más el tiempo asimilando más detalles de nuestro entorno. Deberíamos tomar nota del color, la textura y la ubicación de los objetos que nos rodean. Podemos fijarnos en cómo la rama del árbol se mece de manera rítmica con el viento cuando miramos por la ventana. Podemos contemplar la delicada y perfecta piel de un bebé, rozando su suave mejilla e imitando sus expresiones. Podemos observar las formaciones nubosas mientras forman perezosas siluetas en el cielo. Podemos ver la artística colocación de la comida en un plato, con los vívidos verdes y naranjas de cada ingrediente. Esta labor no es una carrera. *Escudriñar nuestro entorno como animales a la carrera no es lo que pretendemos.* Nuestro objetivo es asimilar el momento y por eso debemos detenernos y mirar de verdad lo que tenemos delante de nosotros.

> Es el ojo curioso y pausado
> el que aporta color a nuestra vida.

Ralentizar el tiempo prosigue aumentando nuestra conciencia del contacto; nuestra sensación física del momento. Deberíamos tocar más las cosas que nos rodean, coger las cosas y examinarlas en nuestra mano, comprobar sus dimensiones, textura y detalles. Al besar a nuestro amante deberíamos sentir sus labios como si ese fuera el beso más importante. Cuando caminamos, deberíamos hacerlo con presencia, sintiendo los talones y los dedos de los pies tocar la tierra. Nuestra piel tiene la clave de una vida experimentada al máximo, de los placeres reales de la experiencia.

Y ¿qué oímos ahora? Casi siempre bajamos el tono de los sonidos de la vida. Deberíamos amar los sonidos que escuchamos; el coche que pasa de largo; el carpodaco que trina en la rama de un abedul; la precisa y única voz que nos habla. Para que ralenticemos y disfrutemos de la vida debemos disfrutar de la música del mundo que nos rodea. Esto no significa que no podamos apagar los sonidos que resultan irritantes, pero existe una diferencia entre desconectar algunas cosas y desconectarlas todas.

Por último, no hay otro sentido en nuestro alocado mundo al que se ignore tanto como el del gusto. Nuestra cultura engulle la comida como hienas famélicas. No solemos dejar que la comida se prolongue; no nos deleitamos con su textura y su acabado. Muchos no recuerdan su última comida porque apenas la saborean al ingerirla. Debemos volver a tiempos más dignos, cuando la comida no era algo que devorar a toda prisa, sino algo con sentido que proporcionaba nutrición, felicidad y conexión con nuestra vida. Disfrutemos a fondo de lo que comemos, y si lo que estamos comiendo no nos hace gozar de verdad ni aporta salud a nuestro cuerpo, apartémoslo.

Es una fórmula muy sencilla: cuantos más sentidos fijemos en el presente, más ralentizamos el tiempo, más crece el catálogo de recuerdos felices y vívidos en nuestra mente, más se llena nuestra vida de gratitud y más se nutre nuestra alma.

El conocimiento puede detener el tiempo

A aquellos que no perciben ni ralentizan el tiempo solo hay que recordarles las veces que eso ocurrió casi de forma automática.

¿Recuerdas cuando estabas inmerso en tu arte y todo se redujo a tu alrededor?

¿Recuerdas cuando ralentizaste el tiempo e inhalaste el aroma de tu amante?

¿Recuerdas cuando hiciste ese regalo y observaste su rostro mientras lo desenvolvía y que su sonrisa pareció brotar tan rápido en el momento, aunque el momento se demoró tanto? Y ahora, mientras lo rememoramos en nuestra mente, ¿recuerdas que esa sonrisa se dibuja lentamente como si cuantos más días pasan, más dura esa sonrisa, al tiempo que su intensidad nunca se apaga?

¿Recuerdas cuando el mundo se detuvo mientras escuchabas con atención a tu amigo compartiendo su dolor y te compadecías de él?

¿Recuerdas cuando entraste en el prado, en el bosque o en la arena y contemplabas la naturaleza y tenías la sensación de que tú formabas parte de ella y ella, parte de ti, o la mágica inmensidad y el poder de la naturaleza quitándote el aliento?

¿Recuerdas ese plato de comida que disfrutaste hasta el último bocado, deseando que jamás se terminara y que el sabor nunca desapareciera?

¿Recuerdas los sonidos del concierto que esperaste durante tanto tiempo, aquella música que parecía vibrar al ritmo de tu corazón?

Era como si pausáramos el tiempo para poder sentir algo que era eterno, hermoso y significativo. Momentos así no tienen por qué ser escasos.

Puede haber una magia cotidiana que experimentar, y dicha magia no tiene por qué ser mística, sino más bien un ardid deliberado para alargar el tiempo, para intensificar y profundizar nuestras sensaciones del momento.

El conocimiento es la mejor arma de la humanidad contra el tiempo. Recordemos siempre nuestras capacidades para ser hábiles moldeadores del tiempo. Poseemos una extraordinaria destreza para ralentizar el presente, para sumergirnos en él, para sentirlo girar y hacer que nos rodee. Junto con los poderes de la voluntad y la motivación, la capacidad para sentir plenamente e intensificar nuestras experiencias nos ayuda a combatir el estancamiento y vivir una vida en verdad libre y dinámica.

Dos segundos más

¿Qué le sucedería a la calidad de nuestra vida y nuestras relaciones si simplemente amplificamos nuestros sentidos solo un poco más?

Olvidemos por ahora dónde se supone que tenemos que estar y qué deberíamos estar haciendo. En su lugar, retengamos *este* momento tan solo *dos segundos más*.

No respires tan rápido. Toma aire durante dos segundos más.

No eches un vistazo a la habitación. *Siente* la habitación mirando cada sombra y rincón durante dos segundos más.

No te limites a mirarla. Fija tus ojos en los suyos y sostenle la mirada durante dos segundos más.

No engullas la siguiente comida, saborea cada bocado durante dos segundos más, deja que los sabores se fundan y perduren en tu boca.

No envíes la cruel nota. Léela una vez más e invierte dos segundos más en sentir el dolor que puede causarle a otra persona.

No te despidas con un beso mecánico mientras te ocupas de todo de camino hacia la puerta. Haz que el beso *cuente*, que sea firme, sólido y verdadero, aferrando apasionadamente el momento durante dos segundos más.

La vida se vive en los segundos extra que retenemos mientras el tiempo se despliega. Muy pronto, dos segundos se convierten en cuatro, cuatro en ocho, y al final habremos dominado el arte de experimentar la vida, de sentir quiénes somos y dónde estamos en nuestro camino a la grandeza, de crear momentos reales y de vivir como maestros felices en la infinita y divina libertad del ahora.